Antje Thiers & Ute Brink

PROJEKT TERRA 2

**Botschaften aus dem Licht vom Sirius
Eine Bewusstseinsschule der neuen Zeit**

Band 1

Die 7 Schlüssel zum erwachten Bewusstsein

Copyright: © 2021 Antje Grit Thiers & Ute Brink
Coverbild: FullRix (shutterstock.com)

Druck und Distribution im Auftrag des Autors:
tredition GmbH, Heinz-Beusen-Stieg 5, 22926 Ahrensburg, Germany

978-3-347-43374-8 (Paperback)
978-3-347-43375-5 (Hardcover)
978-3-347-43376-2 (e-Book)

Das Werk, einschließlich seiner Teile, ist urheberrechtlich geschützt. Für die Inhalte ist der Autor verantwortlich. Jede Verwertung ist ohne seine Zustimmung unzulässig. Die Publikation und Verbreitung erfolgen im Auftrag des Autors, zu erreichen unter: tredition GmbH, Abteilung "Impressumservice", Heinz-Beusen-Stieg 5, 22926 Ahrensburg, Deutschland.

Bibliografische Information der Deutschen Nationalbibliothek:
Die Deutsche Nationalbibliothek verzeichnet diese Publikation in der Deutschen Nationalbibliografie; detaillierte bibliografische Daten sind im Internet über http://dnb.d-nb.de abrufbar.

*Nehmt eure Bestimmung an und erwartet das Beste,
denn das Beste kommt erst noch. Ihr seid nicht allein!*

In Liebe
für meine Eltern, Harald, Victoria und Marc.

Über das Buch

Die Hauptbotschaft von Band 1 der Reihe *Projekt Terra 2* ist: ***Ihr seid nicht allein!***
Das sirianische Forschungsteam, bestehend aus Lazarus und fünf weiteren Wesen, wird euch mithilfe der vorliegenden sieben Schlüssel durch einen Bewusstseinsprozess führen, der euch Schritt für Schritt ins erwachte Bewusstsein und damit eure Bestimmung führt, sodass ihr mehr ins Hier und Jetzt erwacht und euer Bewusstsein so weit ausdehnen könnt, dass ihr als erwachte schöpferische Wesen über diesen Planeten wandeln und euer Leben aktiv gestalten könnt. Aktiv zu gestalten schließt mit ein, dass ihr jede menschliche Erfahrung macht, jedoch aus der Perspektive eines vollkommen erwachten Bewusstseins. Ihr nutzt euer volles spirituelles Potenzial, ihr erlangt Selbstermächtigung und seid souverän.

Die Inhalte dieses Buches, einschließlich der Fragen, wurden medial empfangen, Wiederholungen sind gewollt und dienen dem einzigen Zweck, euch einmal mehr daran zu erinnern, wer ihr wirklich seid und wozu ihr fähig seid. Es ist insbesondere die Energie zwischen den Zeilen, die euch berühren wird.

Lazarus & Team über das Buch:
Dieses Buch wurde mit Lichtenergie geschrieben. Es stammt aus dem ewigen Licht und ist für das ewige Licht in euch. Möge euer Licht um die ganze Welt gehen und unser Universum erhellen.
Das Beste kommt erst noch!

Über die Autorin

Antje Grit Thiers, Jahrgang 1971 (Handelsfachwirtin, Heilpraktikerin für Psychotherapie), wuchs in Leipzig auf. Sie ist seit ihrer Kindheit mit ihren sensitiven Fähigkeiten vertraut und liebt es, von ihrem wissensdurstigen Forschergeist angetrieben, das Universum in all seinen Facetten zu durchdringen.

Als selbständige Stylistin, Coach, Trainerin und Therapeutin arbeitete sie über zweieinhalb Jahrzehnte lang erfolgreich für nationale und internationale Unternehmen, Konzerne und Banken.

Sie liebt es, Möglichkeiten und Grenzen vollkommen auszuloten und macht dabei scheinbar Unmögliches wahr. – Für sie bedeutet es, dass Schicksal änderbar ist. Ihr Motto war und ist dabei stets: *Immer einmal schöner aufstehen!*

Eine Tumorerkrankung veränderte ihr Leben radikal und transformierte ihr ganzes bisheriges Dasein. Sie bezeichnet in diesem Zusammenhang ihre Operation als ihren ganz persönlichen einschneidenden *Wake-Up-Call*, denn eines ist sicher: Ohne diese Erfahrung wären weder die Zusammenarbeit mit Lazarus und dem sirianischen Forschungsteam noch das Projekt *Terra 2* entstanden.

Seit 2019 arbeitet sie intensiv mit Lazarus, seinem sirianischen Forschungsteam sowie ihrer Freundin Ute zusammen. Sie ist allen Beteiligten zutiefst dankbar für diese wundervolle und erfüllende Aufgabe, Freundschaft und Zusammenarbeit.

Über die Co Autorin

Ute Brink, Jahrgang 1958 (Diplom Verwaltungswirtin), wuchs am schönen Niederrhein auf. Nach ihrem Abitur studierte sie an der Fachhochschule des Bundes in Köln und Dieburg. Sie arbeitete bis zu ihrer Pensionierung bei einer Bundesbehörde. Die Liebe verschlug sie 1981 nach Berlin und hält bis zum heutigen Tag.
Sie bezeichnet sich gerne als ganz normalen Menschen. In ihrem Leben hat sie unzählige sehr intensive Erfahrungen gemacht. Sie kann zu recht behaupten, dass das Leben ihr mehrmals eine zweite Chance geschenkt hat.
Sie stellt für ihr Leben gerne Fragen, doch eine Frage interessierte sie dabei immer am allermeisten: Warum es ihr genauso passiert, wie es passiert. Auf der Suche nach Antworten traf sie 2017 *zufällig* auf die Autorin und daraus entwickelte sich eine wunderbare und bereichernde Freundschaft. Sie ahnte von Anfang an, dass ihre Begegnung nicht einfach nur ein Zufall war, doch sie hätte nie, nie, nie gedacht, dass sie durch, mit und wegen ihrer vielen Fragen zu einem Teil eines solch wundervollen Projektes werden könnte und schon gar nicht hätte sie mit solchen Antworten gerechnet!
Sie ist allen Beteiligten dankbar, dass sie Teil des Teams ist!

Inhalt

Vorwort 13
    Wie alles begann 13
    Mehr Schein als Sein... 14
    Raus aus der Matrix 14
    Reset – Krankheit als letzte Chance zum Erwachen 15
    Mein Rückenmarkstumor und das Wörtchen *Wenn*......... 16
    Mein zweiter Geburtstag 17
    Alles auf Anfang 18
    Die Intuition führt – Von Glück und Schicksal................ 19
    Geschenke & wertvolle Erfahrungen 21
    Das Ende meiner Beziehung 23
    Das Ende – die Wahrheit kommt immer ans Licht 25
    Schicksalhafte Begegnungen – Synchronizitäten und
    Zeichen, die man einfach nicht übersehen kann 26
    Erfolg ist nur im Team machbar 27
    Danksagung von Lazarus und Team an Ute 28
    Mein Mann und Seelenzwilling – Die Verbindung
    von Liebe und Mission.. 28
    Resümee 30

Einleitung 32
    Aller Anfang ist schwer, Medium wider Willen 32
    Meine zweite Chance 33
    Erste Begegnung mit Lazarus und seinem
    Forschungsteam – Fragen über Fragen 34
    Frage: Warum soll gerade jetzt ein Buch mit euren
    Botschaften erscheinen? 35
    Frage: Wer seid ihr? Gibt es neben Lazarus noch
    weitere Mitwirkende? Könnt ihr euch vorstellen? 36
    Frage: Könnt ihr mir mitteilen, woher ihr kommt?........... 37
    Frage: Was ist die Hauptbotschaft dieses Buches? 38
    Frage: Wen soll dieses Buch erreichen? 41
    Zusammenfassung.. 42

1. Schlüssel – Akzeptanz eurer Inkarnationswahl, Forschungsauftrag und Bestimmung ... 43

- Sinn der menschlichen Inkarnation / Euer Inkarnationswille ... 43
- Eure Forschungsaufgabe/Bestimmung ... 45
- Die Potenzialgleichung – die 2 Seiten eurer Forschungsaufgabe ... 46
- Der Minuspol eurer Potenzialgleichung ... 50
- Bewusstsein hilft ... 51
- Macht euch euer fehlendes Element bewusst ... 52
- Der Pluspol eurer Potenzialgleichung ... 52
- Hört auf, im Außen zu suchen ... 53
- Der erste Schlüssel liegt im Finden eures Sinns und der Akzeptanz des Plus- und Minuspols eures Lebens ... 55
- Der erste Schlüssel heißt: Sinn und Akzeptanz der Bedingungen eurer Inkarnation ... 56
- Frage: Wie kann ich unterscheiden, welche Bedingungen mir zum Wohle sind und welche ich ändern sollte? ... 57
- Frage: Könnt ihr uns konkrete Übungen empfehlen? ... 59
- Übung 1 – Akzeptanzübung ... 60
- Übung 2 – Forschungsaufgabe/Bestimmung ... 61
- Frage: Wozu gibt es die Notwendigkeit einer Forschungsaufgabe und was ist der tiefere Sinn dahinter? ... 63
- Frage: Woran erkennt man unmissverständlich, dass man seiner Bestimmung folgt oder seinen Forschungsauftrag bewältigt? ... 65
- Euer Forschungsauftrag ist allumfassend ... 68
- Frage: Warum suchen so viele Menschen ihre Lebensaufgabe und finden sie dennoch nicht? ... 68
- Warum wir *Akzeptanz* als ersten Schlüssel gewählt haben ... 71

2. Schlüssel – Hingabe und Vertrauen ... 79
Einschwingen auf eine höhere Frequenz ... 79
Erste Visualisierungsübung ... 80
Punkt des Erwachens ... 81
Die drei Übergangsphasen zum erwachten Bewusstsein ... 83
Hingabe und Vertrauen ... 86
Einschwingen auf die neue Frequenz ... 91
Frage: Könnt ihr uns eine spezielle Übung zum Thema Vertrauen empfehlen? ... 95
Frage: Wie verhält es sich mit dem von euch beschriebenen Sog genau? Werde ich nur einmal oder ständig aufs Neue in diesen Sog hineingezogen, um Dinge zu verstehen und auf der anderen Seite komplett zu sein? ... 97
Wenn euer Verstand zweifelt ... 99

3. Schlüssel – Liebe ... 102
Übung Herzatmung ... 109
Frage: Wenn mein Herz durch eine Art Mauer blockiert ist, wie kann ich meine Herzmauer sprengen? ... 111
Frage: Kann ich auch alte Erlebnisse oder Menschen auch rückwirkend durch mein Herz als Katalysator durchatmen? ... 113
Frage: Gibt es aus eurer Sicht spezielle Atemtechniken für das Herz? ... 114
Frage: Was ist, wenn ich während der Herzatmung nichts fühle? Ist es ein Zeichen dafür, dass ich meine Gefühle abgestellt habe? ... 116

4. Schlüssel – Prüfung ... 119
Der lange Weg zur Prüfung ... 120
Der richtige Zeitpunkt der Prüfung ... 124
Frage: Was ist mit der Prüfung genau gemeint?

Reicht schon die Bereitschaft, den Sprung zu wagen, diese drei Schlüssel zu erarbeiten, um zur Prüfung gerufen zu werden? 126

Frage: Wenn ich zur Prüfung gerufen werde und ich mache den Sprung, bin ich in meiner Realität weg, aber das bin ich gar nicht. Wo sind denn dann die anderen? Leben wir dann in einer irdischen Welt, nur auf verschiedenen Ebenen? Oder sterben die anderen? Oder sterbe ich? 131

Frage: Gibt es ein Zeitfenster, in dem die Prüfung ansteht? 134

Zusammenfassung 136

5. Schlüssel – Geburtsprozess 138

Die Zeitqualität – Das aktuelle Szenario zweier Zeitlinien 138

Frage: Wenn ich bereits Mitten im Geburtsprozess stecke und mich kurz vor der Prüfung befinde, wie kann ich euch um Hilfe bitten? 144

Frage: Könnt ihr uns darüber hinaus noch etwas zur Zeitqualität sagen? 146

Unterstützung eures geistigen Teams 148

Fokus, Fokus, Fokus 150

Frage: Habe ich noch genug Zeit, ein Energiewirbel zu werden? 152

Frage: Gibt es noch einen ganz praktischen Tipp, wie wir möglichst gut durch diesen Geburtsprozess kommen? Akzeptanz: Akzeptieren, dass ihr bereits erwacht seid. 154

6. Schlüssel – Zugang zur göttlichen Dimension 157

Frage: Wie kann ich mein Herz für diesen Prozess öffnen und das notwendige Vertrauen gewinnen, bei all diesen momentanen Widrigkeiten? 160

Der Ausweg aus dem Labyrinth / der Matrix 162

Visulisierungsübung Energiefluss / Einschwingen auf eine höhere Frequenz / Verbindung mit eurer höchstmöglichen Dimension, eurem höheren Selbst 169
Frage: Uns wird hier auf Erden vermittelt, so eine Anbindung ginge eigentlich nur, wenn die Zirbeldrüse gereinigt ist, wenn das dritte Auge wirklich geöffnet ist, wenn das Herz offen ist. Stimmt das? Oder mache ich einfach das, was ihr gerade gesagt hat?.. 171
Frage: Wie können wir auf diese neuen Energien wechseln, die auf uns zukommen?................................ 173
Frage: Gibt es noch einen abschließenden Hinweis oder Tipp von euch?.. 176

7. Schlüssel – Das göttliche Ordnungsprinzip 178

Das Inkarnationsspiel 179
Frage: Könntet ihr den 7. Schlüssel genauer definieren?... 181
Unsere zusammenfassende Botschaft – Das Ziel............ 185
Frage: Ich habe ein großes Problem mit dem Erwachen. Jeder möchte doch erwachen. Doch wenn die Bestimmung das Erwachen ist, dann brauche ich eigentlich nichts tun?... 185
Ein letztes Wort zum Schluss... 188

Ausblick – Aufbruch ins erwachte Bewusstsein 189

Dem Chaos entgegnen – Frieden wirklich fühlen! 190
Geburtsprozess 192
Frage: In welchem Zeitfenster findet dieses kollektive Erwachen statt? Könnt ihr das eingrenzen? ... 195
Haltet durch... 197
Frage: Erscheint das Buch noch rechtzeitig? Wie können wir sicherstellen, dass noch weniger menschliche Wesen diese Angst spüren müssen?........... 199

Übungsteil – Zusammenfassung.. **201**
    1. Eure Forschungsaufgabe 201
    Potenzialgleichung 203
    2. Akzeptanzübung bei unerwünschten Schöpfungen
    beziehungsweise Erfahrungen... 204
    3. Übung Herzatmung:.. 205
    4. Visulisierungsübung Energiefluss/Einschwingen
    auf eine höhere Frequenz / Verbindung mit eurer
    höchstmöglichen Dimension, eurem höheren Selbst 205
    5. Unterstützung der geistigen Welt................................ 207

Kontakt **208**

Vorwort

Wie alles begann

1971 erblickte ich an einem der heißesten Tage des Jahres, während einer Havarie im Kreißsaal, das Licht der Welt. Die Ärzte hatten sich im Geburtstermin verrechnet. – Sie wussten ihn schlicht und ergreifend nicht. Es war eine unruhige Geburt mit einem langsamen Beginn und einem schnellen und unerwarteten Ende, wie mir meine Mutter mitteilte. Mein ungeborener Zwilling hatte sich längst entschieden, wieder nach Hause zu gehen. Schon immer war es bei mir anders als bei anderen und man durfte mit dem Unerwarteten rechnen. *Mit dir wird es nie langweilig* ist ein viel zitierter Ausspruch meiner Mitmenschen.

Heute sehe ich das als Vorteil. Meine Mutter fragte mich immer und immer wieder: »Von welchem Planeten haben sie dich denn hier abgesetzt?« Und irgendwie hatte sie recht; meine wahre Heimat fühlte ich eher außerhalb dieser Erde.

So war ich ein unruhiger Forschergeist auf diesem Planeten, der lange gebraucht hat, um hier überhaupt anzukommen. Ich liebe es, Fragen zu stellen und diese Welt vollkommen zu durchdringen. Schon als Kind hatte ich oft das Gefühl, dass ich die einzige meiner Art sei und nicht von diesem Planeten stamme. Bereits sehr früh hatte ich viele außergewöhnliche Erfahrungen bis hin zu energetischen Phänomenen gemacht.

Man kann es *hochsensible Persönlichkeit* nennen oder dass ich einfach ausgeprägte sensitive Gaben habe, mit denen ich nicht nur Energien fühlen, sondern die Zukunft mit all ihren Möglichkeiten sehen kann. Ich lese im energetischen Feld, wie andere in Büchern. So habe ich nicht nur die damalige Grenzöffnung vorausgesehen, sondern unter anderem auch die *Apple Watch*. – Wir vom Sirius können das alle, sofern wir uns erinnern.

Mehr Schein als Sein

Lange Zeit führte ich nach Außen ein *normales* Leben, ein Scheinleben, das seinen Preis hatte, wie sich später herausstellen sollte. Ich arbeitete zunächst als selbstständige Farb-, Stil- und Imageberaterin und später als Potenzialcoach. Das Besondere und Einzigartige am Menschen (innen wie außen) zog mich zeitlebens an. Seit ich denken kann, kann ich das Potenzial eines Menschen in seinen absoluten Möglichkeiten *lesen*. Dies führte mich in große Firmen und zu deren Mitarbeiter/innen. Knapp 20.000 Menschen beriet, coachte und trainierte ich.
Mein Ziel war es, mich stets zu übertreffen und die Beste zu sein. Ich war so sehr bemüht zu gefallen, dazuzugehören, dass ich mich tief im Inneren im wahrsten Sinne des Wortes zu Tode langweilte. Dabei habe ich wahrlich viele außergewöhnliche Situationen in meinem Leben erlebt und einige Wake-Up-Calls überlebt.

Raus aus der Matrix

Das Schicksalsjahr 2014: Ich hatte zu diesem Zeitpunkt bereits eine erfolgreiche Karriere hinter mir, unzählige Aus- und Weiterbildungen und Erfolgsseminare absolviert. Ich hatte zwei bezaubernde Kinder, die ich trotz körperlicher Hindernisse auf normalem Weg bekam, und lebte gemeinsam mit dem Vater der Kinder nahe Berlin. Der 4. Juli 2014 änderte dann alles in meinem Leben: Ich flog hochkant aus einer großen Bank raus, da ich mich verbal bezüglich der Kleidung einer Mitarbeiterin zu weit aus dem Fenster gelehnt hatte. Obwohl ich dies im Nachhinein klärte, war es doch unentschuldbar, gesagt ist nun mal gesagt. An dieser Stelle kann ich nur sagen: *Karma is a Bitch!* Dies setzte bei mir eine Lawine des Abschwungs in Gang, die ihresgleichen suchte. Ein Rückschlag nach dem anderen gaben sich fortan die Hand und das auf ganzer Linie. Was war nur aus der erfolgreichen Karrierefrau geworden?

An den Erfolg, den ich seit Beginn meiner Selbstständigkeit 1993 erfuhr und dann nochmals bis 2014, konnte ich nicht mehr anschließen. Zu tief saß das Trauma des *Fehlers* in mir und egal, was ich tat, um mich dieses Traumas zu entledigen: Es funktionierte für mich nicht. Ich hatte Angst, Fehler zu machen, und dies führte mich natürlich erst recht von Fehler zu Fehler. In den Jahren 2014–2017 begrub ich restlos alles, was ich mir beruflich aufgebaut hatte.

Doch ich gab nicht auf und besuchte weltweit zahlreiche Selbstoptimierungsseminare. Ich wollte unbedingt zurück zu meinem Erfolg und den vermeintlichen Makel des Misserfolgs loswerden.

Reset – Krankheit als letzte Chance zum Erwachen

Der permanente Druck nagte zusehends auch an meinem Körper und es setzte ein unglaublicher Verfall ein. Von Oktober 2017 bis Oktober 2018 fand ich mich in einer Situation wieder, die ich niemals für möglich gehalten hätte: Ich war gezeichnet von meinen Schmerzen und erfuhr Stück für Stück das Versagen meiner unteren Extremitäten. Die Ärzte und ich waren auf der Suche nach der

Ursache. Manchmal schien es so hoffnungslos für mich, dass ich keinerlei Lust mehr hatte zu leben. Ich kann die Hoffnungslosigkeit von Menschen mit permanenten Schmerzen sehr gut verstehen.

Mein Rückenmarkstumor und das Wörtchen *Wenn*

Wenn man den Tumor bereits 2014 diagnostiziert hätte… aber es gibt Dinge, die kann man sich scheinbar nicht ersparen, denn sie machen zutiefst Sinn, jedoch erst im Nachhinein betrachtet. Fest steht: Der Tumor hat mein Leben komplett verändert und das im Positiven.
Rückwirkend wurde klar, dass ich bereits im Frühsommer 2014 die ersten Symptome hatte. 2015 folgten heftige Koliken, für die man damals keine plausible Ursache fand. Danach folgte Stück für Stück der körperliche Verfall. Im September 2017 konnte ich weder springen, längere Strecken laufen, geschweige denn einen Seminartag in meinen geliebten High Heels überstehen.
Das Fatale an dieser Situation war, dass sich keiner der Ärzte erklären konnte, was die Ursache war. Es gab unzählige Untersuchungen bei ebensovielen Ärzten. Ich probierte in dieser Zeit jeden, wirklich jeden möglichen und zum Teil auch verrückten Therapieansatz aus.

Es gibt keine Zufälle. So begegnete ich am 30.06.2018 einer Frau im Rollstuhl, die mir an diesem Tag nicht mehr aus dem Sinn ging: *Was, wenn ich auch bald im Rollstuhl sitze?* Zu dieser Zeit konnte ich fast meinen gesamten Unterkörper nicht mehr spüren.
Gott sei Dank habe ich Kinder! Meine Kinder waren die Einzigen, die mir in dieser Zeit Kraft gaben. Egal welche Fehler ich in meinem Leben auch gemacht hatte, mit meinen Kindern hatte ich alles

richtig gemacht. Wenn ich in ihre Augen blickte, wusste ich, ich musste es einfach schaffen, wieder gesund zu werden. Für sie!
Mich begleiteten liebe Freunde wie Ute, Malte, Ingo, Henry sowie mein Heiler Stefanos. Wir nutzen zahlreiche alternative Heilmethoden, die modernsten Techniken der Quantenphysik und ich optimierte meine Ernährung. Doch ohne die Ursache zu kennen, konnten wir nichts bewirken.
Im April 2018 wusste ich, dass bis zum Ende des Sommers etwas passieren musste – und es passierte etwas.

Am 02. Juli 2018 wurde ein eichelgroßer Rückenmarkstumor in Höhe meiner Brustwirbelsäule entdeckt – genau einen Tag vor meinem Geburtstag.
Ein Geburtstagsgeschenk? – Ja! Obwohl die Operation sehr risikoreich war, war sie doch meine einzige Chance, einer Querschnittslähmung zu entkommen!

Mein zweiter Geburtstag

12. Juli 2018: Die Oberärztin sagte während des einstündigen Aufklärungsgesprächs auf meine bescheidene Nachfrage, ob ich eine andere Chance als die Operation hätte: »Die Operation birgt das Risiko in sich zu sterben oder querschnittsgelähmt zu sein, doch ohne diese Operation werden Sie in kürzester Zeit querschnittsgelähmt sein und das als schwerer Fall. (Was bedeutet, gewindelt werden zu müssen!) Sie können froh sein, dass Sie bisher keine Rückenmarkskrise hatten und Sie überhaupt noch laufen können. Diese Operation ist Ihre einzige Chance!« Als Nachsatz folgte noch: »In früheren Zeiten hätte man Menschen wie Sie aussortiert.«

Ich war zu dieser Zeit aufgrund meiner Symptome bereits Notfallpatientin. Eine Rückenmarkskrise hätte zu jeder Zeit eintreten können. Ohne dass ich es wusste, war ich bereits seit mehreren Monaten in diesem Zustand.

Am 12. Juli 2018 wurde ich also operiert. Diese Operation änderte alles, restlos alles in meinem Leben! Für mich fing mein neues Leben an, darum nennen ich diesen Tag meinen *zweiten Geburtstag*.

Alles auf Anfang

Man stelle sich vor, die Autobahn wird aufgrund einer Baustelle gesperrt und man muss vier Jahre eine Umleitung fahren. Man steht sehr oft im Stau, weil es nur eine Fahrspur gibt. Dann werden die Bauarbeiten beendet und die Baustelle aufgelöst. Jetzt muss man sich erst einmal wieder daran gewöhnen, die Autobahn zu nutzen. – So kann man sich meine Rückkehr ins Leben vorstellen. Meine Nervenautobahn war fast vollständig gesperrt und durch die erfolgreiche Operation wieder frei. Meine Nerven mussten erst Stück für Stück wieder lernen, die Information bis in die Füße weiterzuleiten.

Nach der Operation verschlimmerten sich meine Schmerzen nochmals. Doch ich hatte ein Ziel:

- scheinbar normale Dinge wie gerade gehen, längere Zeit stehen sowie ohne Schmerzen sitzen zu können,
- wieder Sport zu treiben, schnell laufen und springen zu können,
- meine geliebten High Heels wieder tragen zu können
- und vor allem *meine Bestimmung zu erfüllen*.

Was soll ich sagen, ich war unaufhaltsam. Bereits am ersten Tag wollte ich wieder aufstehen, musste mich jedoch noch etwas gedul-

Gesundheit ist und bleibt ein Geschenk, das wir meist erst schätzen lernen, wenn wir ihre Abwesenheit erleben. Es ist nicht selbstverständlich, laufen zu können! Überhaupt ist im Leben gar nichts selbstverständlich!

Mein Leben hat sich seitdem radikal positiv verändert. Ich bin wesentlich gelassener geworden. Ich blicke anders auf mein Leben. Ich liebe es und genieße es jeden Tag. Und ich bin zutiefst dankbar für meine zweite Chance. Ich kann sagen, dass ich wesentlich achtsamer und liebevoller mit mir bin. Durch all meine Erlebnisse bin ich ganz nebenbei ein besserer Mensch geworden.

Das Ende meiner Beziehung

Mein Tumor läutete auch das Ende meiner Beziehung ein, sie war Mitte 2017 bereits am Nullpunkt angekommen. Ich hatte zu wenig Kraft, um weiterzukämpfen. Zu viele Sorgen und Ängste waren mein ständiger Begleiter. Ich musste mich dringend um meine Gesundheit kümmern, denn der körperliche Verfall nahm zu dieser Zeit extreme Fahrt auf und ich musste die Notbremse ziehen.

Zu diesem Zeitpunkt hatte er sich bereits für eine andere Frau entschieden, wie ich heute weiß. So nahm ein für mich fast filmreifer Dreieckskrimi seinen Lauf. Und ich hatte es von Anfang an gespürt und ihm prophezeit, ich würde es aus erster Hand erfahren.

Ich hätte bereits 2017 diese surreale Beziehung, die keine mehr war, beenden müssen, doch im Gegenzug muss ich mir nicht vorwerfen, ich hätte nicht alles versucht. Außerdem hielt mich die Angst, es allein nicht zu schaffen, in dieser Situation zurück. Es war einfach richtig, so wie es war. Wir hatten uns im Grunde für gemeinsame Kinder verabredet, für nicht mehr und nicht weniger. Die Beziehung hatte ihren Zweck längst erfüllt.

Was blieb, war eine aufgrund meiner eingeschränkten finanziellen Situation fast aussichtslose Lage. Ich konnte nicht so einfach ausziehen und er wollte nicht gehen. Ich strebte eine Lösung an, die im Sinne aller war.

Hier kommt nun mein wunderbares sirianisches Forschungsteam an dessen Spitze Lazarus steht, ins Spiel. – Ich muss dazu sagen, ich nutzte Lazarus und sein Team bis dato nicht für mich persönlich, sondern eher für globalere Fragen meiner Klienten.

Eines Morgens, Mitte 2019, nahm ich in meiner Verzweiflung zu Lazarus Kontakt auf und bat ihn, mir zu helfen, meinen idealen Partner zu finden, um eine erfüllte Partnerschaft zu leben.

Er fragte mich: »Willst du das wirklich? Wenn du das willst, gibt es kein Zurück mehr.«

Da wurde mir bewusst, wie sehr ich noch an dieser maroden Beziehung festhielt. Ich sagte zögerlich: »Ja …« Dieses *Ja* fühlte sich aber noch nicht stimmig an.

So fragte er mich abermals: »Willst du das wirklich?«

Daraufhin sagte ich etwas entschlossener: »Ja.« Beim dritten Mal war ich mir hundertprozentig sicher und sagte aus vollem Herzen: »Ja!« Damit war die Schöpfung vollzogen, ich bekam eine Gänsehaut am ganzen Körper.

Anschließend erhielt ich eine Vision von einem Ort am Meer. Ich saß an einem runden Tisch, blickte auf die See und er stand hinter mir, küsste mich zärtlich in den Nacken. Wir wohnten und erfüllten unsere Mission gemeinsam. Es war so zärtlich, voller Vertrauen und Liebe. Weiter erhielt ich Informationen, dass er groß und schlank sei, dass er noch nicht frei, seine Partnerin aber gestorben sei. Sein Gesicht sah ich zu keiner Zeit.

Dieses intensive Gefühl des zärtlichen Nackenkusses trug mich fortan und das Schicksal nahm seinen Lauf. Im Nachhinein betrachtet, hatte ich mich an jenem Tag entschieden.

Das Ende – die Wahrheit kommt immer ans Licht

Am 27. Dezember 2019 rief mich jene Frau, die im Dreieckskrimi die Dritte im Bunde war, an. Nach allem, was ich nun in einer Stunde über die letzten drei Jahre erfuhr, bat ich ihn, umgehend unser Haus zu verlassen. Wäre er nicht der Vater meiner Kinder gewesen, hätte ich ihn für immer aus meinem Leben gestrichen. Zum Glück hatte ich seit 2017 das Vergebungsritual *Ho'oponopono* angewandt und wusste, irgendwann würde ich ihm verzeihen können.
Meine Selbstliebe war seit 2017 bereits so stark angewachsen, dass mir die Trennung von ihm emotional leicht gelang. Ich trennte mich zu einer Zeit, als ich mich in einer finanziellen Ausnahmesituation aufgrund meiner Altlasten im Zusammenhang mit der Krankheit befand. Trotz allem war es für mich wie ein Befreiungsschlag.
Egal wie unschön das Ende einst war und was uns heute noch immer trennt, es gibt etwas, für das ich zutiefst dankbar bin: unsere gemeinsamen wundervollen Kinder. Unsere gemeinsame Zeitlinie endete am 31.08.2020. An diesem Tag verabschiedete ich mich endgültig von ihm, unsere gemeinsame Aufgabe war erfüllt. Rückblickend bin ich ihm sogar dankbar, dass er sich letztendlich für sie entschieden hat.
Ende 2020 schloss ich meinen schmerzvollsten und zugleich wertvollsten Transformationsprozess ab, der 2014 begonnen hatte, in-

dem ich mein altes Leben und große Teile meines Egos hinter mir ließ. Nur meine geliebten Kinder sind aus meinem alten Leben geblieben, die für mich wunderbarsten Wesen dieser Welt.

Die alte Antje gibt es nicht mehr. Nichts geschieht aus Zufall, alles folgt einem großen Plan.

Schicksalhafte Begegnungen – Synchronizitäten und Zeichen, die man einfach nicht übersehen kann

Immer wieder kann ich sagen, dass die wichtigsten Verabredungen in unserem Leben geschickt eingefädelt werden. Es wird dafür gesorgt, dass wir uns nicht verfehlen können. So passierte es mir im November 2017. Eine Freundin empfahl mir im Zuge meiner Krankheit ein Selbstheilungsseminar. Ich dachte mir, *Selbstheilung kann ja nicht schaden*, und meldete mich spontan an.

An einem verregneten Novembermorgen donnerte ich mit meinem Auto unwissend in die falsche Einfahrt des Seminarhotels. Dabei überfuhr ich beinahe eine blonde, schöne, große Frau, die sich hinter ihrem Schirm vor dem Regen schützte, als sie zum Eingang lief. Kurze Zeit trafen sich voller Schreck unsere Blicke und mir kam der Gedanke: *Neben dieser Frau sitzt du nachher im Seminar.* Ich entschuldigte mich bei ihr, parkte mein Auto in der Tiefgarage und lief hoch zur Lobby, wo ich mich anmelden wollte.

Als ich wenige Zeit später in der Warteschlange der Anmeldung stand, war die Frau vor mir in der Reihe. Wir fingen eine intensive Unterhaltung an, als ob wir uns schon viele Jahre kennen würden. Wir beide werden wohl diese Begegnung niemals vergessen, war sie doch vom Schicksal eingefädelt.

Erfolg ist nur im Team machbar

Wir freundeten uns schnell an und bemerkten viele Gemeinsamkeiten. Obwohl wir scheinbar aus verschiedenen Welten stammten, waren wir uns doch im Herzen sehr nahe. Was für eine wichtige Bedeutung unsere Begegnung in unser beider Leben hatte, durften wir aber erst drei Jahre später erfahren, denn dass wir gemeinsam dieses Buch schreiben würden, hätte ich mir damals nicht träumen lassen.

Heute bin ich sehr dankbar, dass Ute als Fragestellerin zu diesem Projekt so unendlich viel beigetragen hat, obwohl sie selbst sich dieser wichtigen Rolle zu keiner Zeit bewusst war. Wie oft hat sie mich in ihrer charmant wissensdurstigen und zugleich unnachgiebigen Art daran erinnert, weiterzumachen. Wie oft hat sie in ihrer einzigartigen Art Verständnisfragen, wie sie immer so schön sagte, als Erdling gestellt, waren sie doch für die Entstehung unseres Buches notwendig.

Eines steht fest: Ohne Ute, ihre unendliche Neugier und ihre genialen Fragen wäre dieses Buch niemals entstanden! Und ich bin ihr nicht nur heute, sondern für all das, was wir uns bis zum heutigen Tage in unserer Freundschaft gegeben haben, unendlich dankbar! Vielen Dank, meine geliebte Freundin und Wegbegleiterin.

Wenn es Verabredungen im Leben für gemeinsame Projekte gibt, dann ist es definitiv eine wie unsere. An dieser Stelle möchte ich noch einmal aufzeigen, wie Schicksalswege verlaufen können. Wie Synchronizitäten entstehen und wir bestimmten Dingen nicht aus dem Weg gehen können, weil sie uns per *Zufall* geschickt werden, unseren Weg kreuzen und wir gar keine Chance haben, sie zu übersehen, wie es auch in unserem Fall war.

Unsere Verabredung und gemeinsame Bestimmung ist es, an diesem Projekt *Terra 2* und dem damit verbundenen Bewusstseinsprozess auf der Erde gemeinsam teilzunehmen. Wir sind wie zwei Seiten einer Medaille, die sich in diesem Projekt harmonisch zusammenfügen. Seit 2017 läuft die Vorbereitung. So trifft Utes (aus meiner Sicht vollkommen zu Unrecht) vorhandene Unsicherheit auf meine absolute Sicherheit und mein völliges Vertrauen. Wenn ich wieder einmal höchst leidenschaftlich emotional reagiere, gleicht mich Ute durch ihre Neutralität aus. Wir helfen uns gegenseitig voranzukommen. Wir sind sanft und unsanft darauf vorbereitet worden. Wenn auch aus verschiedenen Richtungen, dennoch mit dem gleichen Erfahrungskontext. Wir sind im wahrsten Sinne des Wortes *wachgerüttelt* worden. Die Fragende ist genauso wichtig, wie das Medium.

Danksagung von Lazarus und Team an Ute

Wir danken insbesondere deiner Umtriebigkeit und deinen scheinbar naiven Fragen, die so wertvoll für dieses Projekt sind. Wir ermuntern dich, nicht müde zu werden, deine Fragen zu stellen. Sie stellen eine wertvolle Hilfe dar, da dieses Buch möglichst viele Menschen erreichen soll. Du stellst mit deinen Fragen sicher, dass dieses Buch jeden Menschen, der durch dieses Nadelöhr gehen will, auch erreicht.

Mein Mann und Seelenzwilling – Die Verbindung von Liebe und Mission

Dieses Buch sollte eigentlich Anfang Oktober 2020 herauskommen, dieser Termin verschob sich aber immer und immer wieder,

das Projekt geriet ins Stocken. Warum? Weil ein wichtiges Kapitel in diesem Buch noch fehlte: die Begegnung mit meinem Mann und Seelenzwilling.
Wie lautet der Slogan so schön? *Das Beste kommt zum Schluss!*
Unsere Begegnung sollte das Buch abrunden. Wenn der eine Mann aus dem Leben geht, dann kommt ein für mich passenderer hinterher. So war stets meine Devise und es sollte auch in diesem Fall so sein.
Mitte 2020 erhielt ich während meines Channelings die Botschaft, dass ich meinem neuen Mann bis spätestens Herbstanfang begegnen würde, und genauso sollte es auch kommen.
Seelen erkennen einander an der Schwingung und nicht an der äußeren Erscheinung.
In einem Youtube-Video sah ich ihn Mitte Juli 2020 das erste Mal. Mich sprach der Inhalt sofort an; mir kam das, was er erzählte, so unglaublich vertraut vor und ich wusste, ich musste es ihm unbedingt mitteilen. Er berührte mich als Mensch im wahrsten Sinne des Wortes. Es war die Art, wie er über seine verstorbene Freundin berichtete. Hinzugefügt sei, dass die Sequenz, die ich von ihm sah, fünf Minuten lang war. Weder waren mir zu diesem Zeitpunkt die Aussagen von Lazarus in Bezug auf meinen zukünftigen Partner bewusst, noch hatte ich von seinem *Cosmic Tower Projekt* Kenntnis. Für mich war nur eines klar: Diesen Mann wollte ich persönlich kennenlernen.
Am 7. August 2020 sollte es so weit sein, als er und sein *Cosmic Tower Projekt* auf einem Vortrag in Berlin vorgestellt wurden. Ich konnte es kaum fassen: 14 Tage nach meiner Schöpfung war er bereits in meinem Leben. Mir kam er wie bestellt und geliefert vor. Und obwohl ich, seit ich denken kann, schöpfe, bin ich doch immer wieder erstaunt, wie einfach es funktioniert.
Es fügte sich an jenem Abend alles, sodass wir später nebeneinander am Tisch saßen. An jenem Abend wurde unser gemeinsames

Schicksal besiegelt, ohne dass es uns zu diesem Zeitpunkt bewusst war. Wir hatten einen wunderbaren Abend, doch dann brach der Kontakt zu ihm, aufgrund des umfassenden Eingebundenseins in seine Mission, erst einmal ab.

Es war seine Mission, die ihn am 2. September 2020 erneut zu mir führte. Danach ging alles sehr schnell, wir fanden in und mit uns nicht nur die Liebe, sondern auch die gemeinsame Erfüllung unserer beiden Missionen.

Er ist genau derjenige Mann, den Lazarus mir Mitte 2019 beschrieben hat. So hatte ich ihn unbewusst auch erkannt. Wenn es sich stimmig anfühlt, ist Zeit relativ, so auch in unserem Fall, denn Ende November 2020 haben wir geheiratet.

Kann es einen Menschen geben, der genauso im positiven Sinne verrückt ist wie ich? Ich dachte, diesen Menschen gibt es gar nicht. Obwohl mein Mann in seiner Erscheinung vollkommen anders ist als ich, habe ich in ihm diesen Menschen definitiv gefunden. Er ist mein allergrößter und allerliebster Sparringspartner und das in jedweder Hinsicht. Nicht zuletzt durch seinen wertvollen Beitrag ist dieses Projekt nochmals entschieden gepusht worden, dafür bin ich ihm zutiefst dankbar!

Resümee

So wurden ein wirklich dummer Fehler sowie mein Tumor, das finanzielle Fiasko, die Trennung, die Begegnung mit Ute und schlussendlich meine Begegnung mit meinem heutigen Mann, meine wichtigsten Geburtshelfer des persönlichen Erwachens.

Egal was passiert, oder gerade weil es passiert, kommt unser wahres Sein einmal mehr zum Vorschein. Wir alle entwickeln uns auf unsere ureigene Weise. Wir brauchen gar nicht nachzuhelfen und zu pushen: Wenn wir auf die Zeichen achten, geschieht alles organisch.

Es gibt den einen richtigen Zeitpunkt, an dem wir reif für unseren persönlichen Quantensprung sind. An dem wir bereit sind zu springen, ohne Netz und doppelten Boden. Dann ist die richtige Zeit zum Handeln.

Es geschieht nichts, rein gar nichts aus Zufall. Zufall ist nur ein Name für ein unbekanntes Gesetz.

Aus eigener Erfahrung weiß ich, dass wir nicht allein sind, wir haben so viele sichtbare und unsichtbare Helfer, die uns begleiten! Wenn wir unserer Intuition vertrauen, dann erschaffen wir Synchronizitäten, die uns ermöglichen, weiter zu gehen als jemals gedacht. Wir werden geführt, wenn wir es zulassen und endlich aus dem Weg gehen. – Und wir werden letztendlich das Beste erfahren!

Mögen euch meine Erfahrungen erhellen und euch Mut machen, niemals aufzugeben!

In Liebe
Antje Thiers im Dezember 2020

Einleitung

Aller Anfang ist schwer, Medium wider Willen

Wie kam es nun dazu, dass mir Lazarus und sein Team begegneten? Ich bin seit meiner Kindheit sehr sensitiv. Ich kam in den Genuss einer rein atheistischen Sozialisierung, die keinen Platz für das Nichtsichtbare hatte. Im Nachhinein betrachtet ist es gut, dass ich einen wachen und klaren Verstand ausgeprägt habe, und doch war er es, der meiner Verbindung zur geistigen Welt mit all seinen Zweifeln im Wege stand. Zum Glück begegneten mir im Laufe meines Lebens immer wieder Menschen, die mich wachrüttelten. Ich liebte es, mich auf vielerlei Gebieten weiterzubilden.

Als ich mit 28 Jahren meinem Vorbild Varda Hasselmann begegnete und ein persönliches Channeling von ihr erleben durfte, entflammte ein tiefer Wunsch in mir: selbst als Medium zu arbeiten. Ich verliebte mich in die Neutralität, Liebe und höhere Wahrheit der Aussagen, die ich in meinem Herzen fühlte. Sie berührten mich. In diesem Jahr 1998 wusste ich, dass ich irgendwann auch medial arbeiten würde, doch eines wusste ich nicht: Wie es sich realisieren lassen würde. Dazu mussten fast zwei Jahrzehnte vergehen.

Jetzt fragt man sich, warum ich nicht eher begonnen habe, meiner Medialität freien Raum zu lassen? Die Antwort ist ganz einfach: Ich hatte stets Angst, als verrückt angesehen zu werden und dadurch meine berufliche Existenz als Beraterin, Coach und Trainerin zu verlieren. So baute ich mir eine nahezu perfekte Scheinfassade auf. Fest steht: Das Potenzial lässt sich nicht unterdrücken, irgendwann bahnt es sich seinen Weg, entweder freiwillig oder unfreiwillig. Bei mir war es Zweiteres.

Im Februar 2017 absolvierte ich bei meiner wunderbaren Ausbilderin Nishanto Schäfer eine mediale Ausbildung. Während mir das Coachen zunehmend Energie entzog, erhielt ich durch meine mediale Arbeit Energie im ungeahnten Ausmaß. Diese allumfassende Sicht war für mich klar und unmissverständlich. Ich liebte es einfach von Anbeginn an!

An dieser Stelle sei erwähnt, dass die geistige Welt selbst entscheidet, ob und wann sie sich bei uns zeigt. Lazarus hatte mich offensichtlich für diese Arbeit ausgewählt. Kanal zu sein, erfordert Hingabe und Vertrauen. Für mich Kontrolletti-Frau war das wirklich etwas Neues, mit meinem Ego beiseitezutreten, sodass es überhaupt funktioniert.

So channelte ich zu Anfang vorwiegend St. Germain. Er zeigte sich Mitte 2017 bei mir. Ich liebte die Durchsagen, gaben sie mir als Medium doch viel Kraft und erhellten mich im wahrsten Sinne des Wortes. Doch bedingt durch das Fortschreiten meiner Krankheit konnte ich mich immer weniger konzentrieren. Irgendwann stellte ich das Channeling wieder ein.

Meine zweite Chance

In meinen Zwanzigern las ich ein Buch über eine mediale Frau, die erst alles verlieren musste, um zu erwachen. Damals machte es mir Angst. Dass es mir im Leben mal ebenso ergehen würde ... Vielleicht hatte ich zu jener Zeit bereits eine leise Vorahnung. Denn erst als durch meinen Tumor mein altes Leben in allen Teilen völlig zusammenbrach, habe ich mich entschieden, das zu leben, wozu ich bestimmt bin. Der 12. Juli 2018 hatte mich definitiv verändert, ich wurde während der Operation *neu justiert*. Als ich aus der Narkose erwachte, wusste ich eines ganz genau: Das war definitiv meine letzte Chance, die ich erhielt. Dass das Channeln und insbesondere Lazarus und sein Team ein wichtiger Anteil meiner Bestimmung werden sollten, zeigte sich jedoch erst im Frühjahr 2019.

Erste Begegnung mit Lazarus und seinem Forschungsteam – Fragen über Fragen

Als ich im März 2019 bei meiner Ausbilderin ein Follow-up buchte, lernte ich meinen geliebten Lazarus kennen. Seine unbeschreibliche Größe und Schönheit, seine präzisen Aussagen, seine Liebe, sein Respekt, die Klarheit, die Hoffnung, der Weitblick rührten mich immer wieder zu Tränen. Besonders zu erwähnen ist sein immerwährender Humor. Ich werde niemals diesen ersten Kontakt vergessen. Auch dass in seiner Gegenwart aus der höheren Perspektive heraus alles, aber auch restlos alles gut und richtig war, wie es war. Ich befand mich damals in einem wahrhaften Liebesrausch. Mittlerweile sind wir uns sehr vertraut und ein wirklich gutes Team geworden – es fließt zwischen uns. Wenn wir gemeinsam in Interaktion treten, dann spüre ich seine Präsenz sofort.

Eines fällt mir jedoch bis heute noch schwer: seine Dienste für mich persönlich in Anspruch zu nehmen. Ich finde es oft zu profan, für mich persönlich zu fragen, sind die Antworten, die ich erhalte, doch global so wichtig und gehen weit über mein Persönliches hinaus.

Auch durfte ich Stück für Stück immer mehr lernen, wie einfach die Verbindung herzustellen ist. Es brauchte etwas Übung, sich auf seine hohe Frequenz einzuschwingen. Anhand der Liebesenergie, die mich überflutete, der großen Präsenz, Würde und Größe, die

mich umgab, erkannte ich: Er und sein Forschungsteam waren anwesend. Bis heute bin ich von unserem Kontakt tief berührt.
Ich bin dankbar, dass sie mich kontaktierten und ich mit ihnen zusammenarbeiten darf, haben sie Ute und mich doch gerade in dieser Umbruchphase, die sich für alle Menschen auf diesem Planeten gerade global vollzieht, erhellt. Ihr Weitblick, die gewonnenen Einsichten haben uns Hoffnung geschenkt! Ich bin Lazarus und seinem Team zutiefst dankbar, dass sie ein Teil von mir geworden sind.

Frage: Warum soll gerade jetzt ein Buch mit euren Botschaften erscheinen?

Geliebte Wesen,
wir begrüßen euch und freuen uns auf unser gemeinsames Projekt. Wir haben euch zu uns gebeten, um einen Jahrtausende alten Auftrag jetzt zu erledigen. Einen Forschungsauftrag, der für uns als Team seinen Anfang 1972 nahm und im Jahr 2030 beendet sein wird und durch Schulung eures Bewusstseins dazu beiträgt, dass ihr erwacht. Wir werden euch dabei behilflich sein, euch zu erinnern, wer ihr wirklich seid und wozu ihr fähig seid. Manchmal sehr sanft und manchmal aus eurer Warte eher unsanft.
Sehr sanft, dass ihr bestimmte Eingebungen habt, dass ihr Träume, Wahrnehmungen oder bestimmte Begegnungen habt.
Eher unsanft, dass ihr durch Schmerz wie Krankheit, Kriege oder sonstige Erlebnisse, die an Tod, Verlust oder existenziellen Verlust erinnern, einen Bewusstseinssprung macht.
Diese Herausforderungen rütteln das Thema eurer Existenz wach und stellen dahingehend einen Quantensprung dar, dass ihr im Moment angesichts des Todes damit konfrontiert werdet, wer ihr wirklich seid.

Ob bewusst oder eher unbewusst: Das Erinnern findet statt. Und dieses Erinnern bedeutet ein Erinnern an eure wahre Herkunft und an euren Auftrag sowie euren einstigen Ansporn, zu inkarnieren.

Wir wollen euch sagen, dass ihr mächtige Wesen seid, mächtiger als ihr denkt, ihr habt es nur vergessen. Wir wollen euch durch dieses Projekt daran erinnern, wer ihr im tiefsten Sinne seid, wart und immer sein werdet, jenseits dieser menschlichen Erfahrung.

Diesen Raum, diese Zeit, wie ihr sie erlebt, gibt es aus unserer Sicht nicht. Das Eingebettetsein in eine Inkarnation, in ein bestimmtes Prozedere, in ein bestimmtes Geschehen, in einen bestimmten Verlauf nehmt ihr zwar als Wirklichkeit wahr, dennoch ist es nur ein Abbild einer Matrix, in der ihr euch befindet, selbst wenn ihr es als Wirklichkeit wahrnehmt.

Wir betonen noch einmal: Dieses Buch wird euch auf unterschiedlichste Art und Weise erinnern, berühren, ermutigen und wachrütteln. Das bedeutet: Fühlt die Energie zwischen den Zeilen, lest manche Passagen zweimal. Selbst wenn ihr es eine Weile nicht mehr lesen möchtet, ihr werdet es wieder zur Hand nehmen, weil ihr im tiefsten Sinne eures Seins wisst, wie wahr diese Zeilen sind. Weil ihr euch dadurch erinnert, weil ihr dadurch eine Verbindung zu eurem wahren Sein herstellen könnt. Und das ist die Aufgabe, die unter anderem durch dieses Buch vollzogen wird.

Frage: Wer seid ihr? Gibt es neben Lazarus noch weitere Mitwirkende? Könnt ihr euch vorstellen?

Neben mir Lazarus, befinden sich in unserem Forschungsteam weitere fünf Wesenheiten. Sie unterstützen mich bei dem Projekt *Ter-*

ra 2, wie wir es nennen, und haben ebenso wie ich 1972 dieses Projekt übernommen, um euch beim globalen Bewusstseinsan- und -aufstieg zu begleiten. Um euch im Bewusstsein nicht nur anzuheben, sondern auch zu verbinden und zu erinnern, wer ihr seid. Unser Forschungsstab heißt ebenfalls *Terra 2*. Die Wesenheiten werden wir zum passenden Zeitpunkt vorstellen.

Anmerkung des Mediums: *Die Wesenheiten sind ca. 50–5000 Meter hohe Gestalten aus reinem Licht wie ein Lichtstrahl, eine Lichtsäule, die in diesem Moment in ihrer Gesamtheit aus dem Universum wirkt.*

Wir haben uns entschlossen, euch zu diesem Zeitpunkt aktiv zu unterstützen, weil wir sehen, dass auf eurem Planeten eine ziemliche Unruhe sowie eine Diskrepanz zwischen eurem momentanen Sein und dem Wesen, dass ihr im schönsten und höchsten Sinne sein könnt, herrscht. Wir wollen die Verbindung wiederherstellen, sodass eure Ängste Vertrauen weichen können.

Frage: Könnt ihr mir mitteilen, woher ihr kommt?

Wir sind ein interplanetarisches Forschungsprojekt des Sternensystems Sirius. Ihr müsst dazu wissen, dass wir Wesenheiten vom Sirius uns dem Forschungsprojekt *Terra 2*, eurem Bewusstseinsaufstieg im Einzelnen und Besonderen widmen. Es sind jedoch auch Wesenheiten von verschiedensten anderen Planetensystemen mit beteiligt.

Der Kontakt zu unserem Forschungsteam hat mit der sirianischen Herkunft des Mediums und der anwesenden Fragestellerin zu tun und natürlich auch mit den Menschen, die das Medium anzieht.

Wir haben Kontakt zu vielen anderen Planetensystemen innerhalb und außerhalb eures Universums und sind über Myriaden von Lichtnetzwerken miteinander verbunden.

Es gibt keine Zufälle. Ihr alle, die ihr das Buch lest, habt eine nicht-irdische Herkunft und kommt von verschiedensten Planetensystemen, insbesondere zieht unser Forschungsprojekt *Terra 2* menschliche Wesen sirianischer Herkunft an.

Ihr alle tragt verschiedenste Forschungsaufträge in euch und wirkt auf unterschiedliche Art und Weise am Bewusstseinsaufstieg mit. Selbst wenn es euch noch nicht bewusst ist. Dafür sind wir da!

Frage: Was ist die Hauptbotschaft dieses Buches?

Ihr seid nicht allein! Die Hauptbotschaft dieses Buches ist, euch an euren Forschungsauftrag beziehungsweise eure Bestimmung zu erinnern. Gleichzeitig wollen wir euch mit Nachdruck einladen, eurer Bestimmung mit allen Facetten und aller Konsequenz zu folgen, indem wir euch durch einen Bewusstseinsprozess führen, der zum Anstieg eures Bewusstseins führt.

Wir erleben immer wieder speziell bei nicht irdischen Wesen, die auf eurem Planeten inkarnieren, dass eine besondere Eigenart vorherrscht. Die Eigenart, sich in dem Muster der Matrix der irdischen Inkarnation zu verlieren, zu zerstreuen, sich im Übermaß anzupassen, um nicht aufzufallen. Dieses Übermaß von Anpassung versus Eigenheit macht euch auf der einen Seite zu Menschen, die nirgends hineinpassen, auf der anderen Seite zu Menschen, die überall hinpassen. Ihr seid im Grunde eures Herzens Visionäre und Rebellen.

Es liegt bei euch eine unglaubliche Diskrepanz vor zwischen dem, was ihr sein könnt, und dem, was ihr tatsächlich auf diesem Planeten lebt. Dies hat zu Folge, dass ihr euren Inkarnationsauftrag etwas

vernachlässigt beziehungsweise nicht in dem Maße annehmen könnt, wie ihr es euch einst vorgenommen habt.
Es ist eine Art Schlafenszustand. Weil es euch scheinbar Spaß macht, auf der einen Seite anders als andere und auf der anderen Seite der bestangepasste Erdling zu sein. Es ist eine Art Spiel, das ihr spielt in einem Labyrinth, dass immer und immer wieder zum selben Ergebnis führt: Ihr findet den Ausgang nicht.
Wir wollen euch dabei helfen, diesen Ausgang im Labyrinth zu finden, zu euch selbst zu finden und zu erinnern, wer ihr im tiefsten und höchsten Sinne seid, woher ihr wirklich kommt und was eure ureigene Bestimmung ist.
Dadurch wird sichergestellt, dass dieses Projekt zum Wohle des Großen und Ganzen auch zu Ende geführt wird und nicht, wie ihr es Jahrhunderte oder gar Jahrtausende lang immer wieder erlebt habt, ins Kippen beziehungsweise Schwanken gerät. Ihr habt Jahrtausende verloren, doch diesmal seid ihr allesamt angetreten, um dieses Spiel erfolgreich zu Ende zu bringen.
Ihr seid für das Gelingen und nicht für das Scheitern angetreten! Ihr befindet euch unmittelbar vor beziehungsweise mitten im evolutionären Sprung, wo es jetzt auf jeden Einzelnen von euch ankommt. Wir wollen euch durch dieses Buch helfen.
Terra 2 ist ein Leben in vollkommen veränderten Lichtzuständen in einer Wahrnehmung von Licht, das euch durchströmt. Eine Art Hologramm von einer Welt, wie sie schöner und lichtvoller nicht sein könnte. Dieses Licht durchflutet euren ganzen Körper, es wärmt euch, spendet Liebe und Hoffnung. Es ist ein Zustand, wie ihr ihn manchmal durch Meditationen erreichen könnt. Es ist in etwa vergleichbar mit dem Zustand allumfassender Liebe, Existenzberechtigung und tiefster Sinnhaftigkeit eurer Inkarnation. Es ist das Erleben eines Zustandes, in dem euch nichts etwas anhaben kann. Einem Zustand, den man auch als Glückseligkeit bezeichnen könnte.

Wir sprechen von einem Zustand, in dem Aufwachen ermöglicht wird. Wo ihr euer Bewusstsein so weit ausdehnt, dass ihr eine Größe von 50–100 Meter erreicht.

Es ist ein Zustand von Transzendenz, allumfassender Liebe beziehungsweise Glückseligkeit und zugleich tiefster Regeneration. Dieser Zustand ermöglicht euch, augenblicklich dorthin zurückzukehren, woher ihr kommt und damit die Verbindung zu eurer wahren Herkunft und eures wahren Seins.

Das bedeutet nicht, dass ihr keine menschliche Erfahrung mehr machen wollt. Ganz im Gegenteil, ihr macht dann eine viel bewusstere und allumfassendere menschliche Erfahrung. Ihr seid dann aus der jahrtausendealten Matrix im wahrsten Sinne des Wortes befreit und in eurer wahren Größe angekommen. Es wird eine Art Paradigmenwechsel stattfinden, der euch nicht nur erlaubt, über euren jetzigen Tellerrand sehr weit hinauszublicken, sondern in einer Art Dauerkontakt mit eurer wahren Heimat und Herkunft zu treten. Ihr seid dann wahrhaft inspirierte und schöpferische Wesen, die eine menschliche Erfahrung machen.

Ihr könnt euch vorstellen, wenn diese Erfahrung eine größere Anzahl von Menschen macht, dient das eurem Planeten und alles wird sich von Grund auf ändern und wandeln.

Dieser Bewusstseinssprung ist seit Jahrtausenden immer angestrebt und doch seid ihr jedes Mal an euch selbst gescheitert.

Mit der Zeit hat sich eure degenerative Zivilisation weit davon entfernt. Ihr habt zwar auf materieller Ebene scheinbar viele Fortschritte gemacht, doch was das Bewusstsein und die An- und Verbindung betrifft, habt ihr eher Rückschritte gemacht. Von unserer Warte aus betrachtet, lebt ihr noch in der Bewusstseinssteinzeit. Es ist so viel mehr möglich.

Seit 1972 sind viele verschiedene Wesenheiten an diesem Projekt beteiligt, nicht nur wir als Forschungsgruppe, sondern auch andere

Forschungsgruppen von anderen Planetensystemen, mit denen wir vernetzt zusammenarbeiten. Wir alle haben uns zum jetzigen Punkt evolutionärer Entwicklung gemeinsam dieser Aufgabe gestellt. Und wir wollen euch dabei helfen, den Bewusstseinssprung ins erwachte Bewusstsein zu vollziehen und mit all euren spirituellen Gaben in die Unsterblichkeit überzugehen.

Frage: Wen soll dieses Buch erreichen?

Diese Energie des Buches wird diejenigen unter euch erreichen, die sich angesprochen fühlen, den Bewusstseinssprung jetzt zu schaffen. Jeder von euch, der wissbegierig und mutig genug ist, all das zuvor Genannte zu erfahren, sei uns hier willkommen.
Alle anderen wird die Botschaft dieses Buches nicht erreichen und soll es auch nicht, dies ist absolut erwünscht.
Wie wir immer wieder betonten, ist es nicht unsere Aufgabe, jeden mitzunehmen, sondern vornehmlich die Wesen nicht irdischer Herkunft anzusprechen, die Vorreiter und Multiplikatoren sind. Sie sind unsere Lichtpunkte auf eurem Planeten.
Wir sprechen in erster Linie menschliche Wesen sirianischer Herkunft der ersten und folgenden Generationen an. Doch natürlich sind alle menschlichen Wesen sehr herzlich eingeladen. Zu eurem Verständnis: Ihr alle tragt verschiedenste Anteile nicht irdischer Herkunft in euch, wenngleich ein Anteil überwiegt.
Bitte stört euch nicht am Wort *Wesen*, denn von unserer Warte aus seid ihr Wesen, die eine menschliche Erfahrung machen.

Zusammenfassung

Wir, Lazarus und weitere fünf Wesen, sind alle für euch da, wir, die alle einem bestimmten Plan folgen, der da lautet, euch alle darin zu unterrichten, wie ihr Stück für Stück mehr und mehr ins Hier und Jetzt erwacht und euer Bewusstsein so weit ausdehnt, dass ihr als erwachte schöpferische Wesen über diesen Planeten wandelt und euer Leben aktiv gestaltet.

Aktiv gestalten schließt mit ein, dass ihr jede menschliche Erfahrung macht, jedoch aus einer anderen Perspektive, mit einem vollkommen gewandelten Bewusstsein. Ihr seid dann erwacht und nutzt euer volles spirituelles Potenzial. Ihr erlangt Selbstermächtigung und seid souverän.

Wir sagten bereits: Ihr seid nicht allein und das Beste kommt erst noch!

1. Schlüssel – Akzeptanz eurer Inkarnationswahl, Forschungsauftrag und Bestimmung

Geliebte Wesen,
ich, Lazarus und fünf weitere Wesenheiten freuen uns, dass wir heute gemeinsam mit euch hier sind. Wir wollen euch unterrichten, sodass ihr Stück für Stück mehr und mehr ins Hier und Jetzt erwacht. Euer Bewusstsein so weit ausdehnt, dass ihr als erwachte Wesen über diesen Planeten wandelt und euer Leben aktiv gestaltet. Das schließt mit ein, dass ihr jede menschliche Erfahrung macht, jedoch aus der erweiterten Perspektive eines höheren Bewusstseins.

Sinn der menschlichen Inkarnation / Euer Inkarnationswille

Es geht um den Sinn eurer Inkarnation, um das Thema, warum ihr gerade jetzt diesen Planeten gewählt habt, woher ihr in Wahrheit stammt sowie die Rahmenbedingungen und Begegnungen, die ihr bewusst gewählt habt.
Selbst wenn es euch nicht bewusst ist, geschieht nichts, rein gar nichts aus Zufall, sondern alles folgt einem größeren Plan. Selbst wenn ihr ihn nicht vernehmt, ihn nicht sehen, hören, fühlen beziehungsweise ihr euch nicht erinnern könnt. Die Idee des Unbewussten, besser gesagt des Vergessens, entstand im Verlauf eures Inkarnationsgeschehens, aus unserer Perspektive existiert das Thema *unbewusst* nicht.

Kommen wir jetzt zum ersten Schlüssel: Euer einziger Antrieb zu inkarnieren ist, an eurem Forschungsprojekt weiterzuforschen, euch gleichzeitig weiterzuentwickeln und dabei die Liebe zu erfahren. Ihr, die ihr auf diesem Planeten weilt, folgt bestimmten Forschungsprojekten, folgt dem Forschungsanliegen eurer geistigen Familie. Forschungsprojekte können vielschichtiger Natur wie das Leben selbst sein. Ihr alle nehmt an einem großen Experiment des gesamten Kosmos teil.

Ihr habt euch einstmals gemäß eures freien Willens bewusst entschieden, auf diesem Planeten zu inkarnieren und damit an diesem bereits über Jahrtausende gehenden Experiment teilzunehmen. Wie auch bei eurer aktuellen Inkarnation zu genau diesem Zeitpunkt, genau an diesem Ort mit genau diesen Rahmenbedingungen, alles folgt einem großen Plan.

Noch einmal, es geschieht nichts aus Zufall. Alles hat seine Richtigkeit, auch wenn es aus eurer Perspektive noch so unsinnig erscheinen mag, ist es doch aus einer größeren Warte heraus zutiefst sinnhaft.

Zum Zeitpunkt eurer Inkarnation begebt ihr euch auf ein großes Spielfeld menschlichen Erlebens, indem ihr euch aus eurem Zustand des bewussten All-Eins-Seins in eine materielle Form begebt. Stellt es euch so vor: Ihr seid reines Licht und Bewusstsein. Aus unserer geistigen Sicht besitzt ihr in dem Moment keinerlei Form, doch verfügt über eine Seele und greift auf das kollektive Bewusstsein zu. Auf der Erde nehmt ihr eine materielle Form, sprich menschliche Gestalt an. So verbindet sich eure Seele mit Materie. Diese Kombination aus Körper und Seele wird von euch bewusst gewählt. Es geschieht nichts zufällig.

Bevor ihr hierherkommt, wählt ihr in Abstimmung mit eurer geistigen Familie alle Rahmenbedingungen aus, um sicherzustellen, dass ihr all die Erfahrungen rund um euer Forschungsprojekt macht.

Eure Forschungsaufgabe/Bestimmung

Es gibt nur ein Anliegen: eure Forschungsaufgabe zu erfüllen. Ihr nennt sie auch *Bestimmung* beziehungsweise *Lebensaufgabe*. Wir wollen euch, weil es oft zu Fragen kommt, mitteilen, dass ihr sehr wohl alle Rahmenbedingungen von Beginn bis zum scheinbaren Lebensende gewählt habt, die ihr von einer anderen Warte aus bereits überblicken konntet, da ihr euch außerhalb dieses Raum-Zeit-Gefüges befandet. Ihr wusstet ganz genau, worauf ihr euch einlasst, wobei ihr die spezifischen Elemente im Detail selbst gestalten könnt. Das obliegt eurem freien Willen. Dennoch gibt es vielfältige Vorgaben, die ihr bewusst gewählt habt, um an den großen Plan, um an eure Aufgabe erinnert zu werden, falls ihr sie vergesst.
An alle, die immer noch zweifeln, warum ihr hier seid, was eure Forschungsaufgabe ist, worin der Sinn eures Lebens besteht: Geht an euren Anfang zurück. Geht dahin zurück, mit was ihr euch am liebsten auf der einen Seite beschäftigt habt, und auf der anderen Seite, wogegen ihr am meisten rebelliert habt, was euch sozusagen am widerwärtigsten, am unangenehmsten war als Kind. Erinnert euch daran, selbst wenn ihr es jetzt noch nicht erfassen könnt. Fragt euch selbst. Führt Selbstgespräche und ihr kommt auf eure Forschungsaufgabe.

Forschungsaufgabe – Fragen an Dich selbst

- Was habe ich als Kind am liebsten gemacht beziehungsweise geliebt zu tun?
- Was wollte ich werden beziehungsweise sein?
- Was waren meine größten Träume?
- Wogegen habe ich als Kind rebelliert? Was habe ich abgelehnt?

- Welches Thema beschäftigt mich am meisten in meinem Leben?
- In welchem Bereich mache ich die meisten Erfahrungen?
- Welche Menschen und Themen berühren mich positiv wie negativ am meisten?
- Welcher Bereich meines Lebens bringt mich an die Grenze des Ertragbaren?

Dann könnt ihr es euch schon fast vorstellen, worin eure Forschungsaufgabe besteht. All das ist Teil eures Forschungsprojektes.

Die Potenzialgleichung – die 2 Seiten eurer Forschungsaufgabe

- Minuspol Verdrängtes/abgelehntes Potenzial zu integrieren:	+ Pluspol Potenzial zu vervollkommnen:
- Welche Eigenschaften ihr an euch und anderen Menschen ablehnt, - Wovor ihr am meisten Angst habt, - Was euch am wenigsten gelingt beziehungsweise euch besonders schwerfällt.	- Was ihr am besten könnt und euch leicht fällt, - Was ihr besonders liebt und euch Freude bereitet, - Was ihr an anderen Menschen zutiefst faszinierend findet.

Eure Forschungsaufgabe besteht aus zwei Seiten. Beide Seiten der Gleichung sind zu berücksichtigen und bilden euren gesamten Potenzialpool.

Minuspol: *Auf dieser Seite befindet sich euer blockiertes, verdrängtes beziehungsweise abgelehntes Potenzial, das ihr euch zurückerobern und zur Meisterschaft bringen wollt.*

Pluspol: *Auf dieser Seite befindet sich euer bereits integriertes Potenzial, das ihr weiter vervollkommnen und zur Meisterschaft bringen wollt.*

Ihr fragt euch manchmal, warum ihr so handelt, wie ihr handelt, selbst wenn es in euren Augen negativ ist. Dann könnt ihr zu einem besseren Verständnis gelangen, indem ihr euch sagt, ihr schaut euch gerade die noch zu integrierende Seite an, den scheinbaren Minuspol eurer Gleichung, weil es Teil eures Ziels ist, bis zum Ableben auch diese Seite vollends zu integrieren und dabei die andere Seite eures Potenzials nicht zu vernachlässigen.
Das ist durchaus nicht immer einfach. Aber erst durch die Integration des negativen beziehungsweise angstbesetzten Pols macht diese Inkarnation für euch einen wirklichen Sinn. Es gibt im wahrsten Sinne des Wortes bis zum Lebensende für euch etwas zu tun. Ansonsten wäre es für euch langweilig und zutiefst unsinnig. Und somit erschließt sich auch die Antwort eines lebenslangen Lernens. Man könte auch sagen: eines lebenslangen Erfahrens.
Erst wenn ihr euren Minuspol, eure Schattenseite beziehungsweise angstbesetzte Seite gemeistert habt, ergibt euer Leben Sinn. Und dieses ist meist erst zum Ende des Lebens der Fall. Erst dann ist die Inkarnation abgeschlossen und deswegen bewegen sich so viele von euch manchmal auf der scheinbar negativen Seite. Noch ein-

mal: Die Integration dieses Anteils macht euer Leben erst zutiefst sinnvoll.

Es macht aus unserer Sicht und auch aus eurem Forschungsprojekt heraus keinen Sinn, hierher zu kommen und bereits alles zu können, nur noch ein wenig eure Potenziale aufzupolieren, Dinge, die ihr ohnehin schon könnt. Es macht viel mehr Sinn, dass Dinge, die ihr überhaupt nicht könnt, denen ihr euch mit Unbehagen beziehungsweise manchmal mit absoluter Ablehnung stellen müsst, euch bis ins tiefste Innerste herausfordern, erst zu einem wertvollen Ganzen werden lassen. Daraus ergeben sich eure Forschungsaufgaben und jede Integration zählt und dient dem Ganzen.

Als Beispiel: Wenn ihr bereits Meister im Hindernislauf seid, wäre die nächste Übung, einen Hindernislauf mit Handicap zu gewinnen. Erst dieses Handicap (= Herausforderung) wird euch einen neuen Sinn und Antrieb für euer Leben geben. Und wir sagen euch noch einmal: Dies ist bewusst gewählt und auch bewusst in Kauf genommen.

Ihr werdet zumeist im ersten Drittel eures Lebens erst einmal euer mitgebrachtes Potenzial ausloten und viele von euch, wir sagen nicht alle, es scheinbar leicht haben. Dies ändert sich jedoch, wenn ihr dieses Potenzial vollkommen ausgelotet habt, denn dann schlägt das Pendel ins scheinbare Gegenteil um. Ihr beginnt dann, euren Minuspol auszuloten.

Genauso umgekehrt, wenn ihr es scheinbar zu Anfang besonders schwer hattet, weil ihr euren Minuspol vollkommen erforscht habt, schlägt das Pendel ins scheinbare Gegenteil um und fängt für euch an, wesentlich leichter zu fließen.

Das ist kein Zufall, sondern die Medaille von jeweils zwei Seiten betrachtet. Hört also auf, mit eurem Leben zu hadern. Und wenn ihr nach dem Sinn eurer Inkarnation, nach dem Sinn und nach der Lebensaufgabe fragt, dann schaut euch stets beide Seiten an. Sowohl euer höchstes Potenzial als auch eure ungeliebten und angstbesetzten Schattenanteile. Aus der Bewältigung beider Seiten ergibt sich erst eure Bestimmung.

Erst wenn ihr beginnt, euren Minuspol auszuloten, eure ungeliebte Seite zu integrieren, entsteht für euch wesentlich mehr Sinnhaftigkeit. Wir erleben es oft, dass ihr euch ausschließlich mit euren Stärken befassen wollt und eure scheinbaren Schwächen ablehnt. Doch ohne eure Schwächen zu akzeptieren, zu integrieren und zu meistern, werdet ihr niemals das Gold aus eurem Minuspol extrahieren können. Bedenkt bitte, dass gerade eure scheinbaren Schwächen eine enorme Kraft und Stärke in sich tragen.

Zusammengefasst kommt ihr hier her mit einem klaren Auftrag, mit einer Forschungsaufgabe, durch die ihr euer Potenzial zur Vollkommenheit entfalten wollt. Diese Vollkommenheit schließt die Integration eurer Schwächen mit ein. Versucht demnach nicht, eure Schwächen auszumerzen, sondern werdet euch ihrer bewusst, akzeptiert sie und beginnt sie zu meistern.

Ihr kommt in dem Moment aus dem Gleichgewicht, wenn ihr eine Seite zu sehr betont. Das Leben wird für Gleichgewicht sorgen. Dies geschieht in Form von Menschen mit den jeweiligen Anteilen, die mehr und mehr in euer Leben treten, sodass ihr die Gelegenheit erhaltet, euch diese Seite anzusehen und zu integrieren. Dies wird sichergestellt und ist zutiefst gewollt. Es ist demnach kein Akt des Schicksals, durch den ihr bestraft werdet. Nein, es macht zutiefst Sinn, um ins Gleichgewicht zu kommen.

Je mehr ihr euch einseitig entwickelt beziehungsweise stehen bleibt, wird für Gleichgewicht gesorgt. Auch wenn ihr eine Seite in euch zutiefst ablehnt, nicht mehr sehen könnt oder wollt, dann wird sie euch im wahrsten Sinne des Wortes vor Augen geführt. Deshalb wundert euch nicht, warum das Leben mit Nachdruck reagiert. Wo immer das Leben mit Nachdruck reagiert, gibt es ein Ungleichgewicht.

Geht in euch und findet heraus, was euch am anderen so sehr missfällt. Es ist oft eine eigene Schattenprojektion. Ihr macht eine zutiefst menschliche Erfahrung, in der ihr sowohl den Plus- sowie den Minuspol eures Menschseins erlebt.

Akzeptiert dies und ihr werdet wesentlich liebevoller auf eure Mitmenschen reagieren. Ein Ausbalancieren beider Anteile findet zumeist erst zum Ende des Lebens statt. Manchmal jedoch auch sporadisch durch bestimmte Schicksalsschläge. Dennoch wird diese gesamte Erfahrung bis zum Ableben stattfinden.

Das, was ihr euch selbst schenken könnt, ist Liebe, Güte, Dankbarkeit und Vergebung. Vergebung in allererster Linie für euch selbst. Integriert beide Anteile, vor allem eure ungeliebten Schattenanteile und extrahiert euer Potenzial. Eure menschlichen Katalysatoren helfen euch dabei, den fehlenden Teil der Gleichung zu integrieren. Seid dankbar, dass es sie gibt.

Akzeptiert die Bedingungen, akzeptiert die Gegebenheiten und erlaubt euch, als Mensch zu handeln, was bedeutet, sowohl euren Pluspol als auch euren Minuspol auszuleben.

Der Minuspol eurer Potenzialgleichung

Das mag für euch zuweilen sehr schwierig klingen, da das impliziert, dass Menschen sterben, dass Menschen bestohlen werden, dass Menschen zu Handlungen fähig sind, die eure eigene Existenz, euer eigenes Leben bedrohen. Hier werden alte Rechnungen beglichen.

Deshalb bezieht die Erfahrungen anderer Menschen nicht automa-

tisch auf euch selbst, denn ihr alle folgt eurer eigenen Forschungsaufgabe mit unterschiedlichen Rahmenbedingungen.
Akzeptiert die Forschungsaufträge anderer Menschen. Das, was ihr ausprägen könnt, ist Liebe, Güte, Wertschätzung und Dankbarkeit!

Bewusstsein hilft

Ob bestimmte Minuspole abgemildert werden, hängt nicht nur von eurer Aufgabe ab, sondern auch vom Grad eures Bewusstseins.
Stellt es euch so vor: Wenn ihr eine menschliche Erfahrung macht, jedoch völlig unbewusst seid, agiert ihr fast blind eure vor allen auch negativen Anteile aus und dies ist auch folgerichtig. Je bewusster ihr werdet, desto mehr nehmt ihr bestimmte Spitzen aus euren Handlungen heraus. Dies erfordert jedoch in erster Linie Mut, Disziplin, Ehrlichkeit und Durchhaltevermögen und entspricht der Entwicklung des eigenen Bewusstseins.
Egal welchen Forschungsauftrag ihr habt, Ziel ist, zu Bewusstsein zu gelangen und dabei eure Liebesfähigkeit auszuprägen.
Durch die Beleuchtung eures Minus Pols und des blockierten Potenzials, indem ihr euch in eurer jetzigen Inkarnation und früheren Inkarnationen bewusst oder unbewusst an eurem Gegenüber schuldig gemacht habt und Verantwortung übernehmt, werdet ihr Stück für Stück ein Bewusstsein dafür entwickeln, wo die Grenze eures menschlichen Verhaltens und Handelns ist, und ihr wisst ganz genau, welche Bereiche betroffen sind. Wann es heißt, innezuhalten und was ihr besser jetzt und in Zukunft lasst. Ihr braucht eure menschliche Erfahrung, ein Stück gelebtes Leben, um diese Seite zu beleuchten. Auch eine kurze menschliche Erfahrung macht in diesem Zusammenhang Sinn, dennoch sind ein längeres Leben und ein längeres Ausbalancieren sehr erwünscht.

Das Projekt *Terra 2* bedeutet, ein erwachtes Bewusstsein mit einer menschlichen Erfahrung zu verbinden. Ihr seid dann Liebe und Bewusstsein in höchster Form einer menschlichen Erfahrung.
Wenn ihr den Sinn eures Lebens vermisst, hat es damit etwas zu tun, dass ihr eine Seite in euch momentan stark unterdrückt. Das können beide Seiten sein. Sinnhaftigkeit entsteht aus dem Ausbalancieren beider Seiten einer menschlichen Erfahrung.

Macht euch euer fehlendes Element bewusst

Minuspol/Integration: Welches Potenzial ist in euch blockiert, was könnt ihr am wenigsten? Macht euch diesen Anteil bewusst und beginnt ihn Stück für Stück wieder zu integrieren.

Pluspol/Meisterschaft: Welches Potenzial liegt brach? Um welches Potenzial beneidet ihr andere Menschen? Macht euch diesen Anteil bewusst und beginnt, euer eigenes Potenzial zu verwirklichen.

Der Pluspol eurer Potenzialgleichung

Ihr seht es, ihr könnt es fühlen, an einem unbändigen Verlangen in eine bestimmte Richtung. Was ihr dann meist tut, ist, es als Träume oder als Hirngespinste abzutun, statt diesem Anteil zu folgen. Selbst wenn er noch so utopisch aus eurer Sichtweise klingen mag, bedenkt bitte, er ist in eurem Bewusstsein, weil er Teil eurer menschlichen Inkarnation und Aufgabe ist.
Bedenkt bitte: Bevor ihr hierherkommt, habt ihr dieses Leben im

Ganzen gesehen und habt von außerhalb dieses Lebens überblicken können, worum es für euch geht. Hört also auf zu hadern, warum ihr bestimmte Wünsche und Sehnsüchte habt, und folgt stattdessen euren Wünschen und Sehnsüchten. Hört auf, eure Wünsche und Sehnsüchte zu unterdrücken.

Was euch möglich erscheint, ist auch möglich. Zwar für euch aus eurer Sichtweise manchmal unwahrscheinlich, aber wenn ihr dieses Wissen jetzt habt, könnt ihr euch vorstellen, dass es, weil es ja bewusst gewählt ist, in dieser Inkarnation doch möglich ist. Alles, was euch möglich erscheint, ist auch möglich.

Wenn ihr aufhört, euren Wünschen und Sehnsüchten zu folgen, erlebt ihr Sinnlosigkeit in eurem Leben. Gleicht beide Anteile aus, indem ihr euren verrücktesten Eingebungen folgt. Je verrückter sie sind, desto realer sind sie auf der anderen Seite, auch das folgt immer zwei Seiten.

Erlaubt euch wieder zu träumen, erlaubt euch, Fehler machen zu dürfen. Erlaubt euch, beide Seiten auszuleben. Hört auf damit, gute Menschen sein zu müssen. Es ist eine Art einseitiges Leben, das am Ende zur Sinnlosigkeit führt, weil sich ohnehin irgendwann diese Spannung entladen muss.

Wir haben euch jetzt viele Informationen darüber gegeben, wir werden noch genauer auf einzelne Projekte eingehen. Dies soll zum Anfang erst einmal genügen für den Sinn und das Warum eurer menschlichen Existenz.

Hört auf, im Außen zu suchen

Wir raten euch dringend, aufzuhören, im Außen zu suchen, da jeder Mensch eine andere Erfahrung macht, eine andere Aufgabe hat.

Beginnt in euch selbst hineinzuleuchten. Was habe ich als Kind geliebt? Was habe ich zutiefst gern getan? Und besonders: Was habe ich zutiefst abgelehnt? Wovor hatte ich am meisten Angst? Wer hat mich am meisten gestört? Leuchtet dorthin, schreibt beide Anteile auf und formiert sie zu einem vollständigen Satz. Dann habt ihr beide Teile eurer Aufgabe, beide Anteile eurer menschlichen Erfahrung und seht schon, mit welchen Menschen ihr tendenziell Erfahrungen machen müsst, damit ihr eure Aufgabe auch erfüllt.

Hört auf zu bewerten, zu hadern, abwählen zu wollen. Hört auf zu beurteilen, hört auf, nicht haben zu wollen. Das blockiert unnötig eure Aufgabe, streckt euch hin, akzeptiert es und seht es als Teil eurer menschlichen Erfahrung an.

Und vergesst nicht: Ihr seid für ein bestimmtes Forschungsprojekt auf der Erde inkarniert. Ihr wollt bestimmte Erfahrungen aus menschlicher Sicht machen, mit eben diesem Körper, mit eben diesen Begrenzungen, und ihr seid nicht dafür da, als reines Bewusstsein zu enden.

Ihr seid reines Bewusstsein, das eine menschliche Erfahrung machen möchte, und es geht noch einmal um eben diese menschliche Erfahrung, die ihr ja integrieren wollt. Setzt euch also hin, geht in euch und schreibt auf, was ihr liebt und was ihr hasst, fügt es zu einem Satz zusammen und daraus ergibt sich eure Aufgabe, euer Sinn, wofür ihr einsteht, für was ihr kämpft, für was ihr da seid, was euch wichtig ist.

Ohne negative Erfahrungen, die ihr bewusst in Kauf genommen habt und die wir als solches gar nicht als negativ betrachten, sondern rein als Erfahrung, wäre euer Leben zutiefst sinnlos. Ihr seht es an Menschen, die scheinbar alles haben, die scheinbar vom Leben gesegnet sind. Schaut sie euch genau an, wie sinnlos ihr Leben ist beziehungsweise ihnen erscheint, weil sie nur einen Teil der

Medaille leben. Oder Menschen, die etwas erreicht haben und anfangen, mit diesem Erreichten zu hadern, das ihnen nicht mehr gut genug ist, weil sie sich daran gewöhnt haben, weil diese Erfahrung abgehakt ist. Ihr seid lernende Wesen, ihr wollt Erfahrungen machen. Ihr wollt euch nicht mit dem Status quo zufriedengeben. Ihr wollt bis zum Lebensende Erfahrungen machen. Also akzeptiert sie als solche.

Der erste Schlüssel liegt im Finden eures Sinns und der Akzeptanz des Plus- und Minuspols eures Lebens

Dann erlebt ihr ein zutiefst sinnvolles Leben und denkt bitte daran, es ist ein zutiefst sinnvolles Leben aus eurer Sicht. Es muss für andere Wesen keinen Sinn ergeben. Sinn ergibt sich ausschließlich für euch selbst, egal was ein anderes Wesen dabei empfindet. Erkennt die Sinnlosigkeit, andere Menschen zu fragen. Für jeden Menschen ergibt sich für sein jeweiliges Leben ein anderer Sinn. Ihr hört dann auch auf, anderen Anliegen hinterherzujagen.
Es mag so sein, dass ihr bestimmten Menschen begegnet, die eine ähnliche, sogar manchmal gleiche Aufgabe beziehungsweise einen gleichen Forschungsauftrag haben und sich daraus ein ähnlicher Lebenssinn ergibt. Dann begrüßt sie, erkennt eure Geschwister, behandelt sie gut und akzeptiert vor allem ihre Schattenseiten, die scheinbar negative Seite. Darin seid ihr nämlich nicht so gut. Ihr akzeptiert eure Stärken, ihr seht gern eure Stärken, doch ihr hasst eure Schwächen und lehnt sie ab. Ihr lehnt eure negativen Anteile an euch selbst und auch an euren Mitmenschen ab. Dort könnt ihr den größten Erfolg verzeichnen: Ihr seht, wie weit ihr auf der anderen Seite gewachsen seid, inwiefern ihr akzeptiert, dass andere

Menschen auch negativ sein dürfen, auch negative Anteile haben und ihren Minuspol ausleben.
Schaut euch wie gesagt eure Gleichung an. Betont ihr die jeweils eine Seite des Lebens zu sehr, muss euch die andere Seite manchmal wie die Tür ins Haus fallen. Und wo überhört ihr eure innere Stimme, eure Sehnsüchte und tut sie ab als Träumerei und geht diesem Anteil nicht nach?

Der erste Schlüssel heißt: Sinn und Akzeptanz der Bedingungen eurer Inkarnation.

Ihr werdet sehen, je mehr ihr die Gegebenheiten eurer Inkarnation akzeptiert, desto sinnvoller erscheint euch eure Inkarnation. Das bedeutet nicht, dass ihr nichts dafür oder dagegen tun müsst, könnt, sollt oder dürft. Dennoch, aus einer Akzeptanz heraus werdet ihr andere Handlungen vollziehen als ohne diese Akzeptanz.
Akzeptiert das größere Ganze eurer Erfahrung. Das hilft euch, euch weniger ohnmächtig zu fühlen und weniger belehrend zu sein. Es hilft euch auch dabei, eure Rechthaberei und Lieblosigkeit etwas mehr im Zaum zu halten. Ein erwachtes Bewusstsein beginnt mit der Sinnhaftigkeit und Akzeptanz eurer Inkarnation.

Anmerkung von Lazarus gegenüber dem Medium:
Lazarus schaut etwas verschmitzt zu mir, weil ich mich des Öfteren aus diesem scheinbar notwendigen Prozess herauslösen möchte und denke, ich dürfte meine Inkarnationswahl immer wieder infrage stellen – obwohl ich bewusst diese Bedingungen gewählt habe. Und es war auch etwas an meine Adresse gerichtet, die Bedingungen einmal mehr zu akzeptieren, statt sich empört wie ein gackern-

des Huhn dagegen aufzulehnen. Dann werde ich auch wesentlich leichter durch dieses Inkarnationsgeschehen kommen. *Akzeptiere die Gegebenheiten, die du selbst gewählt hast*, war die eindringliche Botschaft.

»Es ist so, als ob ihr einen Vertrag unterzeichnet habt, im besten Wissen und Gewissen: Ihr kanntet alle Bestandteile dieses Vertrages und im Nachhinein wollt ihr dann aber nichts mehr davon wissen.«

Frage: Wie kann ich unterscheiden, welche Bedingungen mir zum Wohle sind und welche ich ändern sollte?

Eigentlich ist das ganz einfach: Indem du auf die Stimme deines Herzens hörst, indem du deinen kühnsten Träumen folgst, selbst wenn sie noch so kühn erscheinen mögen.

Wenn dir bestimmte Dinge passieren, besinne dich für einen Bruchteil von Sekunden, noch bevor du irgendeine Aktion oder Handlung vollziehst, dass es dein freier Wille war, genau diese Dinge, die du erlebst, zu erleben. Wir sagen *in einem Bruchteil von Sekunden*, weil du manchmal nicht mehr Zeit hast.

Mit der Akzeptanz der Bedingungen werden deine Handlungen andere sein, als wenn du unbewusst blind drauflos handelst. Ein erwachtes Bewusstsein unterscheidet sich von einem nicht erwachten Bewusstsein dadurch, dass man im festen Wissen, egal was einem passiert, davon ausgeht, dass man diese Bedingungen selbst gewählt hat.

Akzeptiere, dass du Schöpfer deines Lebens bist! In dem Moment, in dem du akzeptierst, dass du die Rahmenbedingungen selbst und aus freiem Willen gewählt hast, verändert sich dein Leben. Es ist ein Paradigmenwechsel, den du in dem Moment einläutest. Fehlt diese Akzeptanz, wirst du wesentlich unbewusster schöpfen. Erlaube dir einen Moment, egal was dir passiert, innezuhalten und das von dir Gewollte zu schöpfen. Sei es nun durch Gedanken, Gefühle oder Handlungen.

Es gibt von dir geforderte Reaktionen, die nur einen Bruchteil von Sekunden Zeit haben. Mit dem Verständnis der Akzeptanz ändert sich für dich noch einmal alles. Es ist, als ob du die Materie in dem Moment verschiebst, in dem du dich darauf besinnst, dass es dein freier Wille war, genau diese Bedingungen so zu wählen. Und erst dann, wir sagen bewusst: *erst dann handle.*

Wir nehmen das Spiel als Vergleich, weil es sehr einleuchtend ist: Erlaube dir diesen Paradigmenwechsel, von unserer Warte aus gesehen von einem Anfänger zu einem bewussteren und bereits geübten Spieler, der die Bedingungen des Spieles akzeptiert, der weiß, dass er sich selbst ins Spiel hineinbegeben hat, dass es nur ein Spiel ist und er dieses Spiel jederzeit verlassen kann. Aus diesem Bewusstsein heraus wird dir klar werden, welche deiner Handlungen in diesem Moment zutiefst sinnvoll sind, ob und wie du weiterspielst oder das Spiel beendest. Erlebe diesen Paradigmenwechsel. Probiere es aus und du wirst es erleben.

Wir sagen euch, wenn ihr euch Stück für Stück für Bruchteile von Sekunden oder auch eine längere Zeit in dieser Akzeptanz übt, werdet ihr zu besseren und geschickteren Spielern. Ihr werdet zu Spielern, die bestimmte Spiele nicht mehr mitspielen, Mitspieler oder Spielführer durchschauen und auch selbst zu Spielführern werden können. Dies setzt jedoch eine Akzeptanz des Spieles voraus.

Da vielen unter euch die vorher beschriebene Akzeptanz fehlt, entsteht ein blindes Agieren in diesem Spiel.

Indem ihr immer und immer wieder blindlings das Spiel zerstört, weglauft oder erstarrt, hält euch das Spiel weiter gefangen, und zwar so lange, bis ihr das Spiel gemeistert habt. Erst dann ist diese Erfahrung abgeschlossen und ihr beginnt, andere Spiele in eurer menschlichen Erfahrung zu spielen.

Um deine Frage zu beantworten: Ihr seht anhand eurer Erfahrungen, auf welcher Stufe eines jeweiligen Spiels ihr euch befindet. Ihr stolpert nicht blindlings in Spiele hinein, sondern das Ziel ist es, euer Spiel zu meistern.

Euer Lebensspiel besteht aus vielen Ebenen, aus vielen verschiedenen Spielarten, die allesamt ein Ziel haben, nämlich in einer bestimmten Spielart die Meisterschaft zu erlangen.

Die Meisterschaft einer bestimmten Spielart ist es, die euch Sinn und Erfüllung empfinden lässt. Sie ist an eure Forschungsaufgabe gebunden. Jedes Spiel hält eine Entwicklungsaufgabe für euch bereit. Deswegen ist es von Vorteil, stets beide Seiten zu beleuchten, denn erst durch die Integration beider Seiten ist Meisterschaft möglich.

Wovon ihr ausgehen könnt ist, dass die Amplitude des Pluspols genauso stark ist wie die Amplitude des Minuspols. Das Glück zu wissen, dass die positive Erfahrung genauso glanzvoll ist, hilft, die negative Erfahrung besser zu verkraften. Beides geht vorüber.

Frage: Könnt ihr uns konkrete Übungen empfehlen?

Wir empfehlen euch zwei Übungen:

Übung 1 – Akzeptanzübung

Wir empfehlen euch bei unerwünschten Schöpfungen/Erfahrungen:
- Sprecht laut mit voller Emotionskraft und fühlt in euch hinein: »Ich akzeptiere X, Y, Z als meine Schöpfung.« – (X, Y, Z steht für eure jeweilige Erfahrung.)
- Ihr könnt all eure Emotionen, eure Traurigkeit, eure Wut, eure Empörung oder was ihr auch immer empfindet, herauslassen.
- Wiederholt diesen Satz so lange, bis ihr eine Antwort/Botschaft erhaltet.
- Wenn nichts hilft, dann bittet uns um Hilfe, eine Antwort/Botschaft zu erhalten.

Manche von euch werden irgendwann entkräftet sein, weil sie diesen Satz so oft wiederholen, bis sie gar nicht anders können, als ihren Mund zu halten, um dann eine Antwort darauf zu erhalten. Wir sagen euch: Ihr werdet auf jeden Fall eine Antwort, eine Art Botschaft darauf erhalten, die euch den tieferen Sinn dieser Erfahrung mitteilt. Wir wollen es bewusst sehr einfach und kurz halten, damit ihr es auch ausprobiert und übt.

Noch einmal: Akzeptiert X, Y, Z mit allen Erfahrungen, dann innehalten und auf ein Zeichen beziehungsweise Antwort warten. Es kann alles sein, ein Bild, ein Gefühl, eine verbale Antwort, egal, was kommt. Das Erste, was kommt, was euch dazu im wahrsten Sinne des Wortes einfällt, schreibt auf. Schreibt es unbedingt auf und fangt an, euch dieses Aufgeschriebene immer wieder laut vorzulesen. Und ja: Die Antwort ist einfach.

Wir hören jetzt schon wieder all die Kritiker, die sagen: *So einfach kann das nicht sein!* Und wir wollen euch sagen: *Doch die Antwort ist so einfach!* Akzeptiert den Umstand X, Y Z. Wartet auf eine Antwort, schreibt sie auf und haltet sie euch so lange vor Augen, bis sich die Situation entspannt, entschärft, verändert. Ihr werdet sehen, ihr werdet nicht mehr diese Ohnmacht spüren. Ihr werdet nicht mehr diese Handlungsunfähigkeit spüren. Ihr werdet nicht mehr diese Wut, diese Traurigkeit, die ja auch aus einer scheinbaren Handlungsunfähigkeit und Ohnmacht herrührt, spüren.

Sozusagen ist der erste Punkt, aus eurer Ohnmacht herauszutreten, in eure eigene Macht wieder hineinzutreten. Und diese kleine, sehr einfache Übung dient dazu, eure Macht wieder in die eigenen Hände zurückzunehmen. Ihr habt nämlich durch eure Sozialisation verlernt, euch daran zu erinnern, was für machtvolle Wesen ihr in Wahrheit seid. Indem ihr euch an eure eigene Wahl erinnert, indem ihr euch daran erinnert, dass ihr immer eine Wahlmöglichkeit habt, fühlt ihr euch nicht mehr so ohnmächtig, wie ihr euch zuweilen empfindet.

Übung 2 – Forschungsaufgabe/Bestimmung

Eine weitere Übung, die wir schon vorher angesprochen haben, besteht darin, sich hinzusetzen und aufzuschreiben, was ihr als Kinder gern gemacht habt, was und wen ihr zutiefst abgelehnt habt und was euch am meisten Angst gemacht hat. Formt daraus Eigenschaften:
- Ich kann besonders gut …
- Mir liegt besonders gut, ich liebe …
- Ich lehne besonders … ab.
- Ich lehne an Mensch X, Y, Z folgende Eigenschaften ab …
- Meine größten Herzenswünsche sind …
- Meine kühnsten Träume sind …

Schreibt all diese Dinge in ein goldenes Buch, fangt an, euer eigenes Drehbuch zu schreiben. Schreibt dabei auf die eine Seite eure

Potenziale, auf die andere Seite eure größten Ängste und abgelehnten Eigenschaften. Und dann benennt eure kühnsten Träume und Wünsche. Seid kreativ.

Wenn ihr etwas in eurem Leben besitzen solltet, dann genau diesen Fahrplan, weil er euch darüber Auskunft gibt, worin der Sinn eures Lebens besteht. Und dann schaut euch diese Gleichung aus einer Art Vogelperspektive an und hakt sehr ehrlich und mutig ab, was ihr bereits integriert habt. Schaut besonders auf die Anteile, die ihr noch nicht integriert habt, und fangt an, diese Anteile zu integrieren, ähnlich einer Bucket List.

Welche Mitmenschen dienen als Katalysatoren? Könnt ihr sie akzeptieren? Nutzt dazu die Akzeptanzübung. Denkt bitte daran, dass diese Akzeptanz immer mit einer Selbstermächtigung einhergeht. All eure menschlichen Katalysatoren sind nur deshalb in eurem Leben, damit sie Licht auf eure blinden Flecken werfen.

Sie helfen euch, eure Anteile, die ihr bisher noch unzureichend beleuchtet beziehungsweise denen ihr noch keine Aufmerksamkeit geschenkt habt, zu integrieren.

Macht diese Übung und ihr werdet dem Mysterium eurer Existenz auf die Spur kommen. Es ist eine Art Profiler-Arbeit. Ihr werdet und ihr könnt die Zusammenhänge sehen, indem ihr die Puzzleteile miteinander verbindet. Vertraut euch!

Ihr werdet euch erinnern, weil ihr es aufschreibt, weil ihr es ehrlich zu Papier bringt, weil ihr euch traut, alles sein zu dürfen, weil ihr den Mut habt, euch ins Gesicht zu blicken, euch ins Herz zu blicken und euch ernst zu nehmen.

Seht diese zwei – vielleicht für euch sehr schweren, aber dennoch sehr einfachen – Übungen als Beginn eurer Reise in ein erwachtes Bewusstsein. Akzeptiert die Rahmenbedingungen, akzeptiert euch selbst und eure freie Wahl. Stück für Stück wird dann nicht nur in bestimmten Situationen, sondern in eurem gesamten Leben ein Paradigmenwechsel stattfinden.

Wohlgemerkt, euer größter Schmerz entsteht dadurch, dass ihr diese vorgenannten Dinge nicht akzeptiert, euch dagegen auflehnt, im Widerstand seid. Daraus resultiert euer größter Schmerz. Dieser muss ausgelöst werden, damit ihr durch eine entsprechende Erfahrung an eure blinden Flecken erinnert werdet.

Ein bewusster, erwachter Seinszustand, ein erwachtes Bewusstsein zeichnet sich durch Liebe, Güte und Dankbarkeit aus. Güte beinhaltet auch Mitgefühl. Wenn Menschen am Ende ihres Lebens ein Resümee ziehen, dann werden genau diese Dinge beleuchtet. Wenn ihr Menschen in der letzten Phase ihres Lebens begleitet, so werdet ihr dies feststellen. Die Güte, die Milde, die Liebe, das Mitgefühl, das von vielen dieser Menschen abstrahlt ... dieses Strahlen ist ein Vollenden der Forschungsaufgabe auf diesem Planeten. Am Ende dessen stehen Liebe, Mitgefühl und die Dankbarkeit, hier sein zu dürfen.

Durch entsprechende Schicksalsschläge, durch die ihr dem Tod nahekommt, macht ihr bereits zu Lebzeiten genau diese Erfahrung. Dies dient in dem Fall als Erinnerung an eure ursprüngliche Forschungsaufgabe. Ihr werdet sehen, Menschen, die dieses erlebt haben, haben ein anderes Verständnis für ihr gesamtes Leben und ihre Forschungsaufgabe.

Seid achtsam, beginnt mit diesen beiden sehr einfachen Übungen und startet die große Reise in euer erwachtes Bewusstsein.

Frage: Wozu gibt es die Notwendigkeit einer Forschungsaufgabe und was ist der tiefere Sinn dahinter?

Wenn ihr in dieses Leben kommt, seid ihr bereits mit eurem Forschungsauftrag, eurer Lebensaufgabe sowie eurer Bestimmung verbunden. Ihr habt euer Leben bewusst unter einer bestimmten Forschungsaufgabe gewählt und zugleich die Erfüllung eurer Forschungsaufgabe vereinbart. Dies nennt ihr auch *eurer Lebensaufgabe* beziehungsweise *eurer Bestimmung* folgen. Es ist euch demnach bestimmt, eurem Forschungsauftrag zu folgen.

Ihr wusstet, bevor ihr hierhergekommen seid, dass ihr innerhalb dieser Inkarnation euren Forschungsauftrag mit all seinen Höhen und Tiefen durchlaufen werdet und ihn am Ende bestenfalls zum Abschluss bringen wollt, um im Sinne aller eine sinnvolle Inkarnation zu erfahren. Ihr kommt demnach nicht ohne Grund hierher. Dies wollen wir voranstellen.

Nun zu eurer Frage: Es ist wie ein Eintauchen in ein großes Meer, in eine unendliche Weite, in ein scheinbares Nichts, in das ihr euch begeben dürft, um die Notwendigkeit zu erkennen, die euer Forschungsauftrag mit sich bringt. Das heißt, es ist unabdingbar, dass ihr dazu in die Stille, in das Nichts eintaucht, das gleichzeitig eine Fülle von Möglichkeiten beinhaltet, aus der ihr gewählt habt. Sozusagen ein Puzzlestein aus der Fülle an Möglichkeiten, das euch noch zur Vollendung fehlt.

Durch euren selbst gewählten Forschungsauftrag erhält euer Leben überhaupt erst einen Sinn. Es ist im Umkehrschluss für euch sinnlos, ein Leben zu erleben, ohne einem bestimmten Forschungsauftrag nachzugehen. Vergesst nicht, ihr kommt nicht durch Zufall hierher. Ihr habt diese Inkarnation wohl weislich geplant. Sozusagen ergibt sich der Sinn oder die Notwendigkeit, einen Forschungsauftrag zu haben, aus sich selbst, aus eurer Inkarnationsplanung heraus.

Frage: Woran erkennt man unmissverständlich, dass man seiner Bestimmung folgt beziehungsweise seinen Forschungsauftrag bewältigt?

Seit Anbeginn eures Inkarnationszyklus und auch seit Anbeginn dieses Lebens bewältigt ihr eine spezifische Aufgabe. Das heißt, dass ihr in diesem Bereich seit Anbeginn eurer Existenz, also aller Inkarnationen einschließlich eures jetzigen Lebens, Erfahrungen jedweder Natur sammelt. Dies schließt positive wie negative Erfahrungen ein. Ihr kennt euch also in diesem Bereich bestens aus.

Geht in die Stille und findet Folgendes heraus:
1. In welchem Bereich erlebe ich die meiste Bandbreite an Erfahrungen? Welcher Bereich fordert mich am meisten heraus?
2. Wie waren die Umstände meiner Zeugung, Schwangerschaft und Geburt? Um was ging es dort bereits?
3. Wie verlief meine Kindheit, Jugend sowie mein Erwachsenenleben?
4. Was konnte ich nur aufgrund meiner spezifischen Umstände mit all seinen positiven, wie negativen Katalysatoren erlernen?
5. Was konnte ich nur auf diese Weise lernen?
6. Was habe ich aufgrund der Gegebenheiten für Fähigkeiten ausgeprägt?
7. Was waren die Klippen, die ich umschiffen musste?
8. Was schien mir einst, was scheint mir heute unerreichbar? Und in welchem Bereich habe ich mich meiner eigenen Unerreichbarkeit angenähert?
9. Wo habe ich bei der Bewältigung einer Herausforderung die größte Erfüllung verspürt?
10. In welchem Bereich habe ich das untrügliche Gefühl, dass ich mich am meisten weiterentwickelt habe?

11. Auf welche Bedingungen beziehungsweise Situationen reagiere ich am heftigsten – körperlich, emotional oder mental?

Das ist das untrügliche Zeichen, dass ihr an eurem Forschungsauftrag gearbeitet habt beziehungsweise arbeitet.

Versteht uns bitte recht, ein Forschungsauftrag bezieht sich nicht einzig und allein auf euren Beruf, sondern umfasst euer ganzes Leben. Schaut auf alle Ebenen eures Lebens. Schaut genau hin:
- Wo hat sich etwas wie ein roter Faden durchgezogen?
- Wo seid ihr am meisten aus und zugleich in Balance gekommen.
- Was hat euch in eurem Leben am meisten erschüttert?
- Was hat euch auf der anderen Seite am meisten erfreut in eurem Leben?

Dies ist das untrügliche Zeichen, dass ihr mit eurem Forschungsauftrag, mit eurer Bestimmung, mit eurer Lebensaufgabe oder auch Seelenaufgabe verbunden seid. Ihr spürt es einfach.

Es ist der äußerste Schmerz und das größte Glücksgefühl, das ihr erleben könnt.

Und dazu ist es wichtig, einige Minuten in die Stille zu gehen oder immer wieder in die Stille, in einen ruhigen Moment zu gehen, um euer Leben zu überblicken und auf die Zeichen zu achten. Schreibt es auf und fügt ähnlich wie bei einem Kreuzworträtsel die Buchstaben zusammen. Wir vertrauen euch in dieser Hinsicht, dass ihr das schafft.

Warum wir uns in dem Bereich so sicher sind? Weil es euer Leben ist. Weil ihr auf euer Leben blicken könnt.

Und wenn ihr es nicht schaffen solltet? Dann lasst euch helfen. Lasst euch diese Fragen stellen und macht es mit einem anderen Menschen gemeinsam.

Aber sicher ist, ihr werdet die Zeichen erkennen, ihr werdet den größeren Zusammenhang herausfinden. Achtet dabei auf eure Gefühle. Auf euren größten Schmerz und eure größte Freude. Was bedeutet diese Situation im übertragenen Sinn? Was habt ihr dort gemacht? Was hat euch große Angst gemacht? Ihr seid dennoch drangeblieben. Ihr konntet gar nicht anders, als dranzubleiben. Das ist auch ein Indiz für die Erfüllung und Bearbeitung eures Forschungsauftrages.

Es ist und bleibt ein zutiefst innerer Antrieb. Es ist ein innerer Impuls, der euch immer wieder zur Verfügung steht und euch immer wieder antreibt, einen Schritt in diesem Bereich weiterzugehen.

Und noch einmal: Es ist viel zu eng gefasst, wenn ihr nur auf euren Beruf schaut, das ist wohlgemerkt der größte Fehler, den ihr begehen könnt. Um euren Forschungsauftrag in Gänze zu erfassen, braucht ihr euer gesamtes Leben. Ihr scheitert, wenn ihr euch nur auf einen Abschnitt beschränkt, wenn ihr nur euren Beruf anschaut. Bedenkt, dass ihr eurem Forschungsauftrag nicht immer in Gänze in eurem Beruf nachgeht. Bei manchen unter euch ist es so, dass sie, während sie ihren Beruf ausüben, sich ausruhen und gar nicht forschen, sondern dies eher im privaten Bereich tun.

In diesem Bereich geht ihr wirklich zur Schule. Das ist der wirkliche Unterricht in eurem Leben. Das ist der wirkliche Antrieb in eurem Leben. Dort wollt ihr verschiedenste Erfahrungen sammeln und euch selbst überwinden, eure alte Hülle hinter euch lassen, um zu einem neuen, besseren Menschen zu werden. Dafür entwickelt und benutzt ihr eure Fähigkeiten.

Euer Forschungsauftrag ist allumfassend

Noch einmal: Euer Forschungsauftrag ist allumfassend und nicht eng gesteckt. Achtet auf die Zeichen. Achtet auf eure Gefühle. Achtet darauf, in welchen Bereichen eures Lebens ihr keine äußere Motivation braucht, sondern aus einem inneren Antrieb immer besser werden wollt und, egal wie schwer es auch erscheinen mag, immer weitermacht. In dem Bereich, wo ihr auf die meisten Katalysatoren trefft, in der Form, dass ihr besonders viele sowohl positive als auch negative Erfahrungen macht, dort arbeitet ihr an eurem Forschungsauftrag.

Diese Freude, diese Glückseligkeit, die ihr in Momenten erlebt, wenn ihr einen Schritt weitergekommen seid, die sind es, die euch unter anderem als Richtschnur gelten können. Also hadert nicht damit. Seht dieses Thema nicht zu eng. Und bitte bedenkt: Ihr könnt verschiedenste Berufe ausüben, ihr könnt verschiedenste Beziehungen leben, ihr könnt verschiedenste Krankheiten überwinden, ihr könnt verschiedenste Erfahrungen in sämtlichen Bereichen machen. Es ist egal. Es ist nicht nur an einen Bereich gekoppelt. Dies wollen wir euch abschließend dazu sagen.

Frage: Warum suchen so viele Menschen ihre Lebensaufgabe und finden sie dennoch nicht?

Schlicht und ergreifend, weil ihr am falschen Ort sucht, weil ihr in einem zu eng begrenzten Bereich sucht. Weil ihr, statt in die Stille zu gehen und euch selbst zu vertrauen, anderen vertraut.

Weil ihr glaubt, andere wüssten es besser. Dem ist nicht so. Wie wir bereits beschrieben haben, könnt ihr euch auf die eigene Suche begeben. Zumeist wird auf eurem Planeten alles aus der Warte des Verstandes betrachtet. Es wird dann auf Gedeih und Verderb analysiert und versucht, in eine bestimmte Richtung zu lenken. Es werden nicht alle Puzzlesteine berücksichtigt, da der übergeordnete Blick fehlt.

Und jetzt ziehen wir eine Schleife im Erfassen des eigenen übergeordneten Plans: Die Antworten kommen aus euch selbst heraus, wenn ihr euch mit eurem höchsten Sein verbindet, indem ihr in die Stille, in eure höchste Instanz geht, die Fragen stellt und Antworten geschehen lasst. Öffnet euch dem Großen und Ganzen, stellt euch selbst die Fragen und wartet auf Antworten.

Wir sagen es noch einmal: Ein anderes menschliches Wesen kann euch nur helfen, wenn es selbst die größeren Zusammenhänge erfasst und alle Teilbereiche einbezieht. Es ist eine Art Profiler-Arbeit, die einschließt, dass euer Gegenüber selbst mit seiner höchsten Instanz verbunden ist. Und da es bei euch zumeist um euren Beruf geht und dieses, wie wir bereits sagten, zu eng gefasst ist, fehlen euch viele Puzzlesteine und ihr empfindet Sinnlosigkeit, statt zu erfassen, dass ihr immer – und wir betonen: *immer* – an eurer Lebensaufgabe beziehungsweise eurem Forschungsauftrag arbeitet, ihr könnt gar nicht anders.

Es wird mühselig etwas gesucht und sich manchmal fast aus den Fingern gesogen, was ihr ja bereits macht. Ihr stülpt dann ein viel zu enges Korsett über etwas, was ihr bereits tut. Ihr müsst eure Lebensaufgabe nicht suchen, denn ihr lebt sie bereits mit jeder Faser eures Seins, immerfort.

Das ist, wie wenn ihr den Wald vor lauter Bäumen nicht seht. Der Wald ist voller Bäume und ihr sucht verzweifelt nach einem Baum, den es in diesem Wald gar nicht gibt. Und dennoch ist der Wald voller Bäume. Und weil es diesen einen Baum nicht gibt, denkt ihr, der Wald wäre leer. Und so ist es mit dem Suchen eurer Lebensauf-

gabe. Ihr sucht aus einer viel zu kleinen Warte, denkt dort sprichwörtlich zu klein. Geht in die Stille, schaut auf euer Leben vom Anfang bis jetzt, denn euer Forschungsauftrag ist bereits seit Anbeginn eurer Inkarnation in euch. Geht den Fragen, die wir euch bereits genannt haben, nach und sammelt die Puzzlesteine. Wie habt ihr euer Leben bewältigt? Dort liegen die Antworten. Hört endlich auf, etwas Künstliches zu erzeugen, was gar nicht erzeugt zu werden braucht, weil es bereits da ist.
Viele von euch suchen hilflos ihren Forschungsauftrag, weil sie ein zu kleines Korsett über das Ganze stülpen wollen. Weil sie es vermeiden, mit dieser Frage in die Stille zu gehen, weil sie an sich eine Art Anspruch haben und mit ihrem kleineren Verstand denken, der Forschungsauftrag müsste so, so oder so sein, statt sich dem Übergeordneten hinzugeben.

Eure Forschungsaufträge sind allumfassend und einfacher Natur, lediglich die Ausführung erscheint euch kompliziert.

Es sind euer Ego und das Ringen um den besten Forschungsauftrag. Es ist eure Bewertung, die euch abhält, ihn zu finden. Ihr wollt gut dastehen, doch darum geht es nicht. Menschen vermeiden, das Einfache zu sehen, das Höchste zu sehen und auch das Schwerste zu sehen. Wenn ihr vermeidet, den nächsten Schritt zu gehen und euch stattdessen im kleinen Verstand aufhaltet und nicht wirklich bereit seid, eure Hausaufgaben zu machen, dann vermisst ihr euren Sinn. Ihr habt an dem Punkt aufgehört, eurer inneren Stimme zu folgen.
Zumeist ist es jedoch der Schmerz, der euch stehen bleiben lässt; es sind diese Erfahrungen, die ihr so scheut, die euch an den Rand eures menschlichen Daseins bringen und – das betonen wir – das bringen diese Erfahrungen jedem Einzelnen von euch. Wenn ihr aufhört, euch diesen Erfahrungen hinzugeben, dann fühlt ihr ein

Leben, das scheinbar sinnlos ist. Ihr hadert dann und seid unzufrieden, weil ihr aufgehört habt, euch wirklich auseinanderzusetzen mit dem, was euch zum höchsten Glück führt, und das ist der Punkt zu den tiefsten Tiefen eures Daseins.

Seid ehrlich zu euch. Schaut wo ihr irgendwann aufgehört habt, eurem Forschungsauftrag weiter zu folgen. Lasst es zu, gebt euch hin, einen Schritt weiterzugehen. Wenn ihr diesen Faden wieder aufnehmt, dann fühlt ihr euch verbunden.

Wenn ihr diesen größeren Zusammenhang verstanden habt, fragt ihr niemals wieder nach eurer Lebensaufgabe. Ihr wisst dann, wo euer größter Schmerz und eure größten Glücksgefühle sitzen, wo ihr in eurem Leben die meisten Erfahrungen auf unterschiedlichste Art und Weise gesammelt habt – dort befinden sich die Puzzlesteine für euren Forschungsauftrag.

Dann kommen eine Ruhe und ein Frieden in euch, die euch nie wieder hadern lassen.

Begebt euch also ins Nichts. Lasst es zu! Lasst das Einfache zu. Hört auf, euch zu vergleichen. Hört auf, das zu eng zu sehen. Hört auf, es zu bewerten. Und seht das Übergeordnete darin.

Warum wir *Akzeptanz* als ersten Schlüssel gewählt haben

Wir sehen eure unbändige Neugier, euer nach Antworten lechzen. Wir sehen euren fast ratternden Zustand. Wir wissen gar nicht, wie wir das genau mit euren Worten beschreiben sollen. Euer Verstand rattert, das stellen wir fest.

Was soll ich zuerst tun? Soll es denn wirklich so einfach sein? Wie geht das bei mir? Kann ich das auch?

Wir wollen so leicht wie möglich starten und wir sagen euch ganz bewusst: Es ist so leicht, es ist nicht schwer, sodass jeder Einzelne von euch die Möglichkeit hat, sein Bewusstsein zu erheben.
Jeder von euch ist in der ersten Schulklasse gestartet und hat zunächst die Grundlagen erlernt. Niemand von euch fing mit der zwölften Klassenstufe an, deshalb halten wir diese anfänglichen Übungen bewusst so einfach.

Wir sagen euch, es geht nicht ohne Übung.

Es kann auch als Einzel- oder Partnerübung gestaltet werden. Wir bemerken, dass ihr es euch wesentlich schwerer und komplizierter macht, als die Sache eigentlich ist. Wir wollen euch sagen: Hört auf, es euch so schwer zu machen. Akzeptiert euer vermeintliches Handicap als Teil eurer persönlichen Lösung. Das ist das, was wir besonders dir, geliebtes Wesen, sagen wollen. Wir wollen dir sagen, dass deine größte Herausforderung in der Akzeptanz deines Handicaps, des Zweifels und des Nichtkönnens liegt. Wir wissen, wie sehr du damit haderst. Wir wissen auch, wie sehr du gegen dein Handicap, deinen Minuspol ankämpfst, statt zu akzeptieren, dass du jederzeit die Wahlmöglichkeit hast.
Du möchtest gerne Meisterschaft erreichen, weil du lange Zeit im Minuspol auf der Seite des Zweifels und Nichtkönnens warst. Jetzt versuchst du mit aller Macht und Kraft, Meisterschaft zu erreichen. Der erste Schritt, und das wird für viele unter euch gelten, ist, dir aus deiner Sicht die Faszination deines Nichtkönnens anzuschauen sowie deine Wahl diesbezüglich in Würde, in Liebe und Güte zu akzeptieren: *Ich akzeptiere mein Nichtkönnen. Ich akzeptiere meinen Zweifler. Ich akzeptiere meine Zweifel, ich akzeptiere ...* So lange bis es gut ist, bis deine Gleichung ausbalanciert ist. Erst dann wirst du wahrhaft beginnen, dich in Richtung Meisterschaft auf die andere Seite begeben zu können.

Solange du diesen Teil nicht akzeptierst, wirst du nicht auf den anderen Teil deiner Gleichung kommen. Du wirst immer beim Nichtkönnen, dem Zweifeln verweilen, weil du diesen Anteil weder akzeptierst noch liebst, ihn nicht gütig und voller Mitgefühl und Dankbarkeit betrachtest. Bedenke, du hast dich entschieden, dieses Spiel spielen zu wollen und in deiner Spielart Meisterschaft zu erlangen. Schau genau hin, in welchen Spielarten du Meisterschaft erlangen willst. Das Spiel beendest du erst dann und gehst zu einer neuen Etappe über, wenn du dein Spiel und dich als Spielführer akzeptierst. Jedoch – und das gilt wieder für alle: Ihr negiert euch als Spielführer und sprecht euch die Fähigkeit ab, dieses Spiel bewusst gewählt zu haben. Damit entbehrt ihr euch nicht nur dieser Erfahrung, sondern auch eures Erfolges.

Das Spiel des Zweifelns und des ewig Nichtkönnens ist ein selbst gewähltes Spiel. Wohlgemerkt ein erfolgreiches Spiel. Hör auf damit zu hadern, akzeptiere es. Und sieh dir die Gleichung deines Lebens ganz bewusst an: Du wirst bereits als Kind diese Anteile im Außen wiederfinden. Und als du diese Anteile nicht mehr um dich herum hattest, hast du angefangen, diese Anteile selbst zu leben.

Ihr braucht gerade diesen Minuspol ganz besonders als Wachstumsanteil. Das ist in Wahrheit der Anteil, der euch nach vorne katapultiert. Also akzeptiert eure Schwächen, akzeptiert euer X, Y, Z dieser Gleichung, werdet milde und beginnt, ihn zu lieben.

In dem Moment, indem ihr auf eure Spiele sowie menschliche Katalysatoren souverän reagieren könnt, seid ihr frei und habt eure Spiele gemeistert.

Wir haben dieses Beispiel bewusst gewählt, damit ihr etwas mehr Verständnis für eure negativen Anteile und eine andere Sichtweise auf euer Leben gewinnt. Wenn ihr diesen Anteil betrachtet und mit Akzeptanz betrachtet, werdet ihr automatisch mehr auf den positiven Anteil eures Lebens kommen.

Wie wollt ihr eurer Forschungsaufgabe folgen, wenn ihr immer und immer wieder ins Hadern geratet und sozusagen nicht nur Macht, sondern auch eure Aufgabe abgebt? Denkt ihr, es gibt eine Macht, die über eure Forschungsaufgabe bestimmt? Denkt ihr, es gibt andere Personen außerhalb von euch, die euch diktieren können, was ihr für einen Forschungsauftrag habt? Dies ist nicht so, euer Forschungsauftrag ist an euch gebunden. Geht in euch und beginnt euch wieder daran zu erinnern.

Ohne Bewusstseinsschule gebt ihr eure Verantwortung ab. Ihr stolpert dann scheinbar zufällig von einer Katastrophe in die andere. Ihr denkt dann, es ist von außen gesteuert, statt die Punkte zu verbinden. Nein, ausdrücklich nein. Ihr seid euch zu oft zu wenig bewusst darüber, dass ihr die Spielführer seid, dass es euer freier Wille war, hierher zu kommen, dass ihr die Rahmenbedingungen akzeptiert habt und jeden Tag eine neue Entscheidung fällen könnt.

Fangt an, euer Spiel wieder in die Hand zu nehmen, euer Spiel zu durchschauen, eure Spielführerschaft wieder anzunehmen. Dann wird es euch wesentlich leichter gelingen, euer Spiel aus Spielführersicht und nicht aus der Sicht, euch geschehe etwas von außen zu betrachten.

Viele von euch wissen es nicht besser, weil sie sich darum nicht kümmern, wer sie im tiefsten Inneren sind, warum sie hier sind. Sie torkeln von Spiel zu Spiel, werden überall hinzugebeten, weil man in jedem Spiel auch ein paar Bauern braucht, die man rauskicken kann. Sie spielen ihr ganzes Leben nicht ihr eigenes Spiel, sondern werden von anderen Spielführern dazu missbraucht, ihr Spiel mitzuspielen. Unbewusst stellen sie sich zur Verfügung, dieses Spiel von anderen mitzuspielen.

Hört auf damit, sagen wir euch. Fangt an, euer eigenes Spiel zu erkunden und zu spielen. Das ist viel spannender und macht viel mehr Sinn, als andere Spiele als Bauer mitzuspielen. – Wir haben diesen Begriff willkürlich aus dem Schachspiel entnommen, weil es dort so viele Figuren gibt, die einfach nur mitspielen. Aber vergesst nicht, dass auch ein Bauer schachmatt setzen kann.

Beginnt mit dem ersten Schritt, euer eigenes Spiel wieder in die Hand zu nehmen, um euch nach und nach zu besinnen, die Zeichen zu erkennen, die sich in eurem Leben bereits auf vielfältige Weise gezeigt haben. Erkennt die Zeichen, folgt den Zeichen, verbindet die Zeichen und ihr werdet herausfinden, welches Spiel ihr mitspielt und welches euer eigenes Spiel ist.

Akzeptiert, dass ihr es selbst gewählt habt. Akzeptiere, dass du gewählt hast. Sei dir bewusst, dass du in jeder Sekunde akzeptieren kannst, so gewählt zu haben und dadurch sofort einen Paradigmenwechsel einläuten kannst. Und wenn du anhand der angefertigten Landkarte deines Lebens erkennen kannst, in welchen Spielen du spielst, welche der beiden Seiten der Medaille du benötigst, um deine Aufgabe zu erfüllen, dann beginnt dein Bewusstsein Stück für Stück zu erwachen. Sieh auch das als eine Art Spiel, indem du jetzt beginnst, dich selbst zu erkunden, mehr und mehr zu erkunden und dein Bewusstsein erwachen zu lassen. Spiele sozusagen das Spiel des Erwachens.

Menschen, die dieses Spiel durchblicken, deren Bewusstsein erwacht ist, haben genau dieses gemacht, was wir euch gerade empfohlen haben. Sie haben damit eine andere Sicht auf ihr eigenes Leben und auf ihre Umstände und dadurch eine viel größere Ruhe als andere Menschen, die von einem Spiel zum anderen getrieben werden, weil sie selbst ihr eigenes Spiel weder erkennen noch akzeptieren und dadurch im zweiten Schritt keine Verantwortung übernehmen können. Es ist also vollkommen sinnlos, sich gegen etwas aufzulehnen, der Schlüssel liegt vielmehr in der Akzeptanz.

Aus dieser Neutralität und aus dieser Selbstermächtigung resultieren Schritte, die ihr dann einleiten werdet. Macht also die ersten Übungen, habt Spaß dabei, experimentiert, seid offen.

Wir danken euch und danken dir. Und freuen uns auf eure Erfahrungen, die mit diesen zwei Übungen und veränderten Bewusstseinszuständen einhergehen.

Ihr werdet euch fragen, warum wir *Akzeptanz* als den ersten Schlüssel an den Anfang der sieben Schlüssel gestellt haben und ihr werdet gleich vielleicht wieder abwinken und sagen: *Ach, das ist schon wieder das, was wir immer gehört haben. Wir sagen jedoch deutlich: Nein! Denn aus dieser Warte mit diesen Übungen habt ihr es noch nicht betrachtet beziehungsweise noch nicht genug betrachtet.*

Es frustriert euch zu Recht, es macht euch wütend und es macht euch traurig, weil ihr vermeintlich, da ihr dieses Buch lest, viel in eurem Leben ausprobiert habt. Weil ihr immer und immer wieder glaubt, ein größeres Bewusstsein erlangt zu haben und dennoch immer wieder auf Stufe null oder noch tiefer zurückgefallen seid.

Wir sagen, dies hat alles Sinn in eurem Leben gemacht. Dies war wichtig, richtig und notwendig. Ihr seid damit einem größeren Plan gefolgt, diese Erfahrungen bis mindestens zur guten Mitte eures Lebens zu machen. Als ihr aus einer höheren Warte heraus eure jetzige Inkarnation geplant habt, war es eure freie Entscheidung, diese Erfahrung genauso zu machen, wie ihr sie bis zum jetzigen Zeitpunkt gemacht habt.

Dies ist weder gut noch schlecht. Ihr seid damit weder langsam noch schlecht. Es ist, wie es ist. Ihr gehört zu dieser Art von Generation, von Wesen, die genauso erwachen wollten. Ihr gehört zur ersten Generation einer bestimmten Spezies, einer bestimmten Forschungsgruppe. Und ihr gehört zu denen, die dieses Buch lesen:

euch allesamt vereint eine tiefe Sehnsucht, euch in diesem Leben erneut zu begegnen, zu vereinigen, und diesen Bewusstseinsprozess auf diesem Planeten voranzutreiben.

Dies impliziert, dass ihr als Allererstes euren eigenen Bewusstseinsprozess insofern vorantreibt, dass ihr über bisher Gelerntes hinaus die notwendigen Schritte tut und euch wieder daran erinnert, wer ihr seid, woher ihr kommt und wozu ihr da seid, damit ihr euren Forschungsauftrag gemeinsam erfüllen könnt.

Es gibt mittlerweile eine zweite und dritte und bereits auch schon eine vierte Generation von euch. Ihr seid die Pioniere, und die Pioniere haben es immer etwas schwerer, wie ihr wisst. Deshalb hört endlich auf zu hadern. Egal wann ihr dieses Buch in den Händen haltet, es ist jetzt genau der richtige Zeitpunkt. Es ist genauso vereinbart worden, dass ihr alle 2020 aufwacht, zu etwa der gleichen Zeit, unabhängig von eurem Lebensalter.

Wir wissen, dass ihr viele Höhen und Tiefen in eurem Leben erlebt habt, dass ihr viel ausprobiert und ausgelotet habt. Dass ihr zu einer Spezies gehört, die auf der einen Seite sehr viel weiß und sehr klug ist, doch auf der anderen Seite immer wider besseres Wissen handelt und das aus tiefster Überzeugung heraus, weil ihr die Grenzen eures Daseins ausloten wollt. Zuweilen seid ihr etwas selbstzerstörerisch.

Euch alle vereint eine große Kraft, ein tiefer Glaube an einen höheren Sinn auch dann, wenn ihr ihn bis jetzt noch nicht in Gänze erkennen konntet. Wir wollen durch dieses Buch dazu beitragen, dass ihr diesen Zusammenhang erkennt, das Puzzle vervollständigt und aufhört, mit eurer Existenz zu hadern.

Ihr werdet euch daran wiedererkennen, wie euer Leben bisher verlief, an der Art eurer Erfahrungen, an der Art eures individuellen Pionierseins auf einem spezifischen Gebiet.

2020 ist nicht nur unser Jahr, es ist auch ein Anfang einer neuen

Epoche. Deshalb heißt dieses Buch auch *Terra 2*. Ihr erlebt dann eine Inkarnation aus einem erwachten Bewusstsein, das alle Erfahrungen einschließt, die durchaus notwendig waren, da ihr ohne diese Erfahrungen nicht zu diesem Punkt gekommen wäret.

Alle unter euch, die jetzt sagen *Das kenne ich* und sich angesprochen fühlen mögen dieses Buch weiterlesen. Alle anderen, die sich dadurch nicht angesprochen fühlen, mögen aufhören, da diese Zeilen für sie nutzlos sind. Doch für all jene, die sich angesprochen fühlen, sind die im Buch enthaltenen sieben Schlüssel elementar, um sich die Erlaubnis zu geben, sich selbst zu ermächtigen, indem sie sich an ihren Forschungsauftrag erinnern und ihm folgen.

Wacht auf geliebte Wesen, denn ihr seid bereits groß, viel größer, als ihr glauben mögt. Ihr habt euch bewusst oder unbewusst darauf eingelassen, kleiner zu sein, kleiner zu wirken, als ihr seid. Nun ist es an der Zeit aufzustehen, eure Größe zu erlangen, euch über euch selbst und euer Bewusstsein hinaus zu erheben, um die Größe und eine menschliche Erfahrung in der Würde zu leben, zu der ihr fähig seid.

Wir glauben an euch. Wir glauben daran, dass ihr diesen Quantensprung schafft.

Selbst wenn ihr hadert und zweifelt, solltet ihr wissen, dass wir an euch glauben, an eure Größe glauben, an den Sinn eurer Inkarnation.

Wir wissen das, da wir von unserer Warte aus ein weitaus größeres Verständnis, einen größeren Blick auf eure individuelle Inkarnation haben. Wir wünschen euch gutes Gelingen.

Ihr seid nicht allein!

2. Schlüssel – Hingabe und Vertrauen

Geliebte Wesen,
wir wollen euch sagen, dass ich Lazarus, und mein Forschungsteam wieder für eure Antworten bereitstehen. Wir haben unterschiedliche Energiequalitäten, die mit diesem Projekt des Buches und überhaupt mit dem Erwachen zu tun haben. Das Erwachen, das jeden Einzelnen von euch betrifft, die ihr auf energetischer Ebene mit diesem Projekt verbunden seid, die ihr einstmals gewählt habt zu erwachen, um euch eurer selbst bewusst zu werden.

Einschwingen auf eine höhere Frequenz

Es ist ein Ausschwingen aus eurer bisherigen Frequenz und ein Einschwingen auf diese neue Energiequalität. Es ist eine Art Energiewirbel, der euch erfasst und euch aus eurer alten Energiefrequenz ausschwingen lässt.
Es ist eine Energieübung, die euch gegen den Uhrzeigersinn aus eurem bisherigen Energiekreislauf, aus eurer bisherigen Energiefrequenz ausschwingen lässt.
Dieses Ausschwingen erlaubt es euch, euch auf euer höheres Bewusstsein, eine höhere Frequenz und Schwingung einzuschwingen und einen Geschmack davon zu bekommen, wer ihr seid, woher ihr kommt, wohin ihr gehen werdet und warum ihr hier seid, euch eures Forschungsauftrages und eurer Bestimmung mehr gewahr zu werden als bisher.
Es ist wie ein medialer Kontakt, dieses Einschwingen in eure höchste Dimension. Sobald ihr einmal angefangen habt, dieses zu

praktizieren und zu üben, werdet ihr immer wieder zu dieser Übung zurückkehren, weil diese Übung es euch wie bereits gesagt erlaubt, über euren menschlichen Tellerrand zu schauen, euch auf ein höheres Bewusstsein, euer höheres Dasein und größere Version einzuschwingen. Ein Einschwingen auf das, was ihr tatsächlich seid, und Ausschwingen aus der bloßen erdgebundenen Existenz.

Ein Einlassen auf eure erdgebundene Existenz ist zuvor notwendig, damit ihr auf diesem Planeten in der materiellen Form überhaupt leben könnt und nur, wenn ihr dieses beherrscht, ist ein Ausschwingen möglich.

Das heißt im Umkehrschluss, ihr müsst auf der einen Seite geerdet sein, um diese Erdung wahrzunehmen. Auf der anderen Seite könnt ihr euch von diesem Ausgangspunkt ausschwingen und in höhere Frequenzen einschwingen, denn ohne diese Erdung würdet ihr die menschliche Existenz verlassen.

Erste Visualisierungsübung

Erdung:
Ziehe eine Lichtspirale im Uhrzeigersinn vom Himmel durch deinen Scheitel und deinen gesamten Körper hindurch. Lasse Lichtwurzeln aus deinen Füßen ins Erdinnere wachsen. Fühle das Licht, die Erdung, die Kraft und Power deiner Wurzeln ganz in deinem Körper. Alternativ stelle dir vor, wie du in einer kraftvollen Lichtsäule stehst und die Energie vom Himmel bis zum Erdinneren durch dich hindurchfließt.

Einschwingen auf eine höhere Frequenz:
Zum Einschwingen ziehe anschließend die Lichtspirale gegen den Uhrzeigersinn vom Erdinneren über deine Füße, deinen gesamten Körper und lasse ihn durch deinen Scheitel austreten. Alternativ lasse die Energie über die Lichtsäule nach oben zum Himmel herausfließen.
Verbinde dein Herz mit der Lichtspirale beziehungsweise Lichtsäule und stelle dir vor, wie sie als kraftvolle Lichtautobahn gen Himmel fließt.

Punkt des Erwachens

Für alle von euch, die sich vorgenommen haben, aus dem Schlafwandelzustand zu erwachen und sich daran zu erinnern, wer sie wirklich sind, gibt es einen Point of no Return. Wir nennen ihn den *Punkt des Erwachens*. Es ist ein Punkt, an dem ihr genau wisst: Ab hier könnt ihr nicht mehr anders, als die zu sein, für die ihr hergekommen seid. Das bedeutet auch, dass euer altes Leben in der Weise, wie ihr es gelebt habt, für euch nicht mehr lebenswert ist.
Diese Art Aufwachen, verbunden mit einem schmerzhaften Erkenntnisprozess, ist jedoch der Ausgangspunkt für die Suche nach dem größeren Sinn eurer Existenz. Dies kann auf unterschiedlichste Art und Weise erfolgen, es kann ein Buch, eine Begegnung, ein Erlebnis, eine Krankheit, ein Verlust sein, alles Mögliche, was ihr *irdisch* nennt. Wichtig ist diese Absolutheit, diese scheinbare Radikalität, durch die ihr schlagartig wisst, dass euer Leben niemals wieder so laufen wird, wie es bisher gelaufen ist.
Wir wissen, dass viele unter euch bewusst und unbewusst davor große Angst haben und versuchen, diesen Prozess aufzuhalten, in-

dem sie ihn negieren und ihre Sinne vor dem Absoluten verschließen. Doch wir sagen euch: Der Weckruf wird immer lauter und irgendwann ist er nicht mehr zu überhören. Es ist der Punkt, an dem eure Seele erwacht und ihr die Unausweichlichkeit im Inneren fühlt, indem ihr ein Leben leben wollt, das euch bestimmt ist. Das mag bei jedem Einzelnen von euch unterschiedlich sein, beim einen geschieht es eher, beim anderen später. Es gibt keinerlei Wertung.

All diese Erfahrungen, die ihr in menschlicher Natur bis zu diesem Zeitpunkt gesammelt habt, tragen zu eurem und unserem Forschungsprojekt bei. Weil ihr alle unterschiedliche Forschungsaufgaben habt, forscht ihr auch jeweils auf unterschiedlichen Gebieten. Und deshalb macht es aus unserer Sicht auch Sinn, dass ihr zu unterschiedlichsten Zeitpunkten aufwacht, weil sichergestellt wird, dass bis dahin bestimmte irdische Erkenntnisse im Zusammenhang mit eurer Aufgabe gesammelt wurden.

Vergesst nicht, ihr seid danach nicht mehr dieselben, die ihr vorher wart.

Es sind bewusstere Forschungsergebnisse auf einer höheren Ebene möglich, die vorher aus wichtigem Grund nicht möglich waren. Alle Ergebnisse werden gebraucht und sind wertvoll.

Irgendwann habt ihr innerhalb eurer menschlichen Existenz das erste Forschungsprojekt abgeschlossen und ein zweites Forschungsprojekt beginnt – deswegen heißt es auch *Terra 2*, weil ihr dann in der Lage seid, euer Meisterstück zu beginnen. Vorher sind bestimmte Prüfungen eingebaut, um zu testen, ob ihr wirklich bereit seid. Auch dies geschieht wieder völlig ohne Wertung.

Also lasst getrost die anderen, die diesen Meisterkurs nicht buchen wollen, auf *Terra 1*, denn sie liefern auch wichtige Forschungsergebnisse für unser Projekt.

Die Informationen sollen euch helfen, das Interesse daran zu verlieren, sie unbedingt mit hinübernehmen zu wollen. Jeder Seele, jeder menschlichen Existenz steht es frei zu wählen. Jede menschliche Existenz macht Sinn.

Eure Bestimmung ist es, aufzuwachen und eure Meisterschaft innerhalb eurer menschlichen Existenz zu erlangen, mit all ihren Herausforderungen und Ergebnissen und in aller Schönheit. Dies ist uns sehr wichtig zu sagen, denn es könnte der Eindruck entstehen, dass das Leben schwerer wird. Wir sagen euch: Das Gegenteil wird der Fall sein. Indem ihr euch auf höhere Frequenzen einschwingt und in eure irdische Präsenz integriert, werdet ihr es wesentlich leichter haben. Ihr werdet eure Inkarnation wesentlich intensiver wahrnehmen und mehr ekstatische Erfahrungen erleben. Diese Ekstase ist es, die euch zutiefst sinnhaft erscheinen und eine erfüllte Existenz ausmachen wird.

Wir sagen euch: Der Weg lohnt sich. Der Übergang von *Terra 1* zu *Terra 2* ist herausfordernd, das tatsächliche Erleben auf *Terra 2* einfach. Es fühlt sich nur im Übergang von eurer tieferen Frequenz zur höheren Frequenz schwer an.

Die drei Übergangsphasen zum erwachten Bewusstsein

Ausgangspunkt ist *Terra 1* – die *Matrix* in ihrer vollen Erlebnisform.

Phase 1 – Suche nach dem Lebenssinn:
Die erste Phase beginnt, indem sich in euch ein leiser Gedanke nach dem Lebenssinn breitmacht. Dieser Gedanke, dieses Gefühl, diese Sehnsucht wird immer stärker. Ihr hinterfragt den Sinn eurer Existenz. Stück für Stück fangt ihr an, immer mehr alles infrage zu stellen. Ihr werdet unruhiger und fühlt die Endlichkeit eurer Exis-

tenz. Ihr werdet so unruhig, dass das normale Leben scheinbar in den Hintergrund tritt. Ihr habt immer weniger Spaß an elementarsten Tätigkeiten sowie Erlebnissen. Ihr sucht immer stärker nach dem Sinn und langweilt euch zugleich zutiefst. Es gibt einen Punkt in eurem Leben, an dem die Sinnlosigkeit so groß ist, dass ihr euch fragt, ob dieses Leben, das ihr führt, wirklich Sinn macht.
Ihr habt die erste Stufe erfolgreich beendet und alles Wichtige erlebt, erfahren und integriert. Das ermuntert euch, einen Schritt weiter zu gehen. Vergesst an dieser Stelle nicht, das war und ist eure bewusste Entscheidung im Rahmen eures Inkarnationsplanes.

Phase 2 – Loslassen:
In der zweiten Phase fangt ihr an, euch aus dem alten Leben herauszudrehen. Dabei erfahrt ihr allerlei Verluste, Entbehrungen und habt Erlebnisse der Vergänglichkeit eures bisherigen Lebens. So ist sichergestellt, dass ihr durch diese Erlebnisse das Thema *Mitgefühl und Liebe* zu eurer Existenz erfahrt. Ihr versteht manchmal erst, wie sinnvoll eure Existenz ist, indem ihr sie scheinbar verliert, indem ihr scheinbar eure elementarsten Dinge verliert.
Und dann gibt es einen Punkt einer bewussten Entscheidung, die da lautet: *Ich möchte nicht so leben wie bisher. Ich diene einem höheren Zweck. Alles was ich tue, dient einem höheren Zweck!*
Dann ist der Punkt erreicht, an dem ihr anfangt, bewusst loszulassen, weil ihr die Schönheit dieser Existenz in all ihren Facetten erkennt. Ihr übt euch in Liebe, in Demut, ihr übt euch in Gewahrsein. Ihr habt nur noch einen Fokus: es jetzt zu schaffen. Ihr seid am berühmten *Nadelöhr* angelangt. An dieser Stelle stehen Wesen, die sich bewusst oder unbewusst dafür entschieden haben, ins Bewusstsein zu erwachen. Und dort können sie letztmalig die Entscheidung fällen: *Gehe ich ganz bewusst in mein altes Leben zurück, mit all seinen Vor- und Nachteilen, oder gehe ich den letzten*

Schritt und lasse im wahrsten Sinne des Wortes alles, was ich hier habe, los, um ins Bewusstsein zu erwachen? Das ist das, was wir euch nicht abnehmen können, werden und dürfen. Es ist euer freier Wille. Alles andere wäre Manipulation.

Euer freier Wille
Bei allen Erlebnissen, durch die ihr sanft und unsanft an euer Erwachen erinnert werdet, entscheidet ihr selbst, ob ihr letztendlich diesen Schritt geht, auch über all eure Ängste hinweg.
Es sind diese berühmten Erleuchtungserlebnisse unterschiedlichster Natur: ein Erwachen, eine Ruhe, ein Leuchten, ein im Moment sein, der seinesgleichen in eurem Leben sucht und nach dem ihr euch sehnt. Dieser Punkt ist es, der sicherstellt, dass ihr diesen Weg auch bis zum Ende geht. Und noch einmal: Einige von euch entscheiden sich, diesen Weg trotz allem nicht zu gehen und gegen sich selbst anzukämpfen. Sie sind so lange in dieser Endlosschleife gefangen, bis auch sie den Punkt erreicht haben, an dem die Sehnsucht irgendwann so groß ist, dass sie weitergehen wollen, egal auf welche Weise.
Ihr habt die Entscheidung dort bereits getroffen. Und dennoch sind am Scheideweg von Phase zwei zu drei die größtmögliche Schwere und der größtmögliche Schmerz zu erleben. Dort erlebt ihr auch die durchaus berechtigte Angst, dass alles noch schwerer wird, da euer Leben bereits völlig aus dem Ruder gelaufen ist. Es fließt davon, ihr empfindet größten Kontrollverlust, ihr empfindet, dass all das, was euch bisher teuer, lieb und recht war, in irgendeiner Form aus eurem Leben fließt. Es ist jedoch nur zum Schein so, weil alles, was wirklich zu eurem Leben gehört, bleibt. Alles andere lasst ihr zurück. Es ist wie ein großer Reinigungsprozess, der notwendig ist.

Phase 3 – Erwachen:
Wenn ihr vor dem *Nadelöhr* steht, kommen wir ins Spiel: Wir wissen, dass ihr an diesem Punkt unsere Hilfe braucht, weil ihr euch so hoffnungslos abgekoppelt und vollkommen allein empfindet. Ihr wisst an der Stelle nicht mehr, was ihr noch tun sollt. An diesem Punkt treten wir in euer Leben und sind sozusagen eure Wegweiser. Wir sind euer Licht, das euch begleitet.

Im Nadelöhr fühlt es sich für euch an, als ob ihr schier durchdreht, als ob ihr euch aus eurem Körper herausdreht, mit viel Energie, die euch regelrecht durch dieses Nadelöhr pusht. Wichtig ist, einfach dranzubleiben, nichts zu forcieren, sondern einfach auszuhalten und zu akzeptieren, dass es so ist, wie es ist, und darauf zu vertrauen, dass das Unausweichliche, was ihr euch als eure Bestimmung vorgenommen habt, auch wirklich eintreten wird. Ihr seid nicht allein; wir helfen euch, durch dieses Nadelöhr zu gehen und die Ausdauer zu besitzen, weiterzumachen, selbst wenn es sehr dunkel um euch herum wird.

Hingabe und Vertrauen

Wenn ihr dieses Nadelöhr durchschreitet, ist etwas sehr wichtig, was wir vorhin schon beschrieben hatten: Vertrauen. Es ist unabdingbar und notwendig. Vertrauen, wenn alles um euch herum dunkel ist, Vertrauen, wenn scheinbar alles wegbricht. Vertrauen inmitten des Chaos. Es ist eine Art Seinszustand. Es ist ein tiefes Ruhen in sich selbst. Als ob ihr euch inmitten einer hohen Welle befindet und zur selbigen werdet. Ihr sträubt euch nicht, ihr geht ähnlich wie ein Surfer mit der Welle mit und vereinigt euch mit dieser.

Es ist dieser Moment, in dem ihr euch einfach hingebt, im besten

Wissen, dass ihr alles getan habt. Es ist eine bewusste Hingabe an das Geschehen im Wissen, dass ihr der Spielführer seid.

Es ist eine ganz bestimmte Art von Energie, die ihr aussendet, ein Bewusstsein, eine Kraft, eine Größe, eine Ausstrahlung, die Menschen dazu veranlasst, euch anders zu behandeln, weil sie wissen, wer ihr wirklich seid, und erkannt haben, dass bestimmte Spiele mit euch nicht mehr zu spielen sind. Ihr seid aus diesem Spiel herausgewachsen und habt es bereits beendet.

Es ist ein Seinszustand, der euch zuteilwird. Es ist eine Größe, die dieses Vertrauen mit beinhaltet und an den größeren Zweck eures Lebens angebunden ist. Ab diesem Zeitpunkt wisst ihr, dass euch nichts passieren kann, was nicht eurer Bestimmung entspricht. Es ist ein Vertrauen, in dem ihr euch mit den Geschehnissen und eurer Bestimmung verbindet, die euch wie eine Stimme, wie ein Gefühl oder wie ein Bild erscheint in dem Moment, in dem ihr bestimmte Dinge erlebt und ein tiefes Wissen darüber habt, dass dieses nicht mehr eurem Leben entspricht und ihr loslassen könnt.

Dieses Vertrauen, um die Frage bereits vorwegzunehmen, entsteht aus einem tiefen Bewusstsein heraus darüber, wer ihr seid, woher ihr kommt und wohin ihr geht. Ihr erlangt es, indem ihr diese Übung des Erwachens praktiziert.

Es ist eine Ruhe, eine tiefe Ruhe, die ihr erlebt, die sich im größten Sturm zeigt. Ihr seid dann der Fels in der Brandung. Ihr erlebt und fühlt es sehr tief in euch. Ihr werdet, wenn ihr dieses Vertrauen erlebt, fühlen, dass es ein tiefes Vertrauen ist. Ihr werdet diesen Zustand fühlen. Es sind wie zwei Ebenen eines Spieles. Das eine Spiel, das bis zum Nadelöhr mitgespielt wird, und das andere Spiel, das auf einer anderen Ebene stattfindet. Ihr seht und durchschaut das Spiel und erlebt es auf einer anderen Ebene. Das ist *erwachtes Bewusstsein*.

Ihr seid im Vertrauen, weil ihr das Spiel akzeptiert, weil ihr das

Spiel durchschaut. Vertrauen könnt ihr, weil ihr Wissen um dieses Spiel habt. Ihr erlebt das Spiel nicht mehr im schlafenden Zustand, sondern ihr erlebt das Spiel aus einem erwachten Zustand heraus. Ein Vertrauen, das ihr nur dann entwickelt, wenn ihr euch entschieden habt, durchs Nadelöhr zu gehen, oder euch bereits im Nadelöhr befindet.

Euch bleibt keine andere Wahl, als zu vertrauen, dass ihr in den erwachten Zustand hineingeboren werdet, denn alles andere an Vorbereitung habt ihr bereits geleistet. Vertrauen entsteht aus dem Erwachen heraus. Ihr seid dann sowohl als auch. Ihr seid ein Teil des Spieles und zugleich Spielführer und fangt an, andere Spiele zu spielen und es selbst in der Hand zu haben. Ihr gewinnt dadurch immer mehr an Vertrauen. Erinnert euch zurück: Wenn ihr vertraut habt, wurde alles gut. Ihr musstet es nicht üben, sondern ihr musstet es erleben, um zu fühlen, dass euch euer Vertrauen zum Schluss getragen hat, wenn euch nichts anderes mehr geblieben war. Es hat euch kein einziges Mal im Stich gelassen. Das ist die Rückerinnerung, die euch helfen wird.

Wie ihr bereits wisst, ist momentan ein historischer Moment gemeinschaftlichen Erwachens. Wir begleiten nicht nur euch, die dieses Buch erreichen wird, sondern gleichzeitig sehr viele Menschen auf eurem Planeten. Ihr lebt in einer Zeit, in der das alte Spiel überhandnimmt und gerne weitergespielt werden möchte. Sehr viele Menschen befinden sich derzeit gleichzeitig am Nadelöhr. Sehr viele stehen mit ihrem eigenen Schlüssel vor dem Schlüsselloch. Es ist letztendlich der Schlüssel vieler Millionen Menschen, die zeitgleich den Schlüssel ins Schloss stecken, in ein neues Spiel einsteigen und Spielführer sein wollen.

Wir beobachten und begleiten das Projekt schon sehr lange, und wir sagten bereits, dass ab ungefähr den 60er-Jahren eine neue Generation Wesen unseres Planetensystems Sirius auf eurem Planeten inkarniert sind und den Übergang auf *Terra 2* gemeinsam meistern wollen. Natürlich sind auch Wesen von anderen Planetensystemen wie unter anderem Plejadier oder Akturianer und viele mehr zu diesem historischen Zeitpunkt hierhergekommen, um gemeinsam den Aufstieg von *Terra 1* zu *Terra 2* zu meistern. Es sind mittlerweile so viele, dass wir historisch gesehen an einem einmaligen Punkt stehen. So viele unter euch sind auf unterschiedlichste Art und Weise aufgewacht. So viele benötigen diesen Push für den letzten Schritt, damit sie gemeinschaftlich Spielführer ihres eigenen Lebens werden.

Dafür sind wir da. Und wir wollen, dass so viele wie möglich auf unterschiedlichste Weise Zugang haben. Und da jeder einen anderen Zugang braucht, stellen wir jedweden Zugang zur Verfügung.

Vielen von euch ist aufgrund der Dunkelheit ihrer zum Teil sehr langwierigen Erlebnisse das Vertrauen abhandengekommen. Sie sind müde und möchten nicht mehr weiterkämpfen. Sie sind es leid, diese Schritte gerade in der zweiten Phase zu gehen. Sie stehen an diesem historischen Punkt, weil sie all die Vorarbeit geleistet haben.

Viele unter euch wollen auch andere mitnehmen, vor allen Dingen die jüngeren Generationen. Und viele von euch wollen gleichzeitig Spielführer werden. An genau diesem Punkt sind wir nun angelangt, aus unserer Sicht ist es wie ein heller, kraftvoller Energieball, der uns erreicht und von uns an euch zurückgespiegelt wird. Es steht momentan so viel mehr Licht und Energie zur Verfügung, die wir als Resonanz erhalten. Es gibt so viele Hilfeschreie zur gleichen Zeit, so viel Erwachen, dass wir diese Energie kanalisieren und in Form von Energie zurückspiegeln. Wir wollen euch damit noch mehr Licht und Energie, die ihr über euer magnetisches Feld selbst erzeugt habt, zur Verfügung stellen.

Die Energie fließt sowohl nach oben als auch nach unten zurück, sodass es mittlerweile ein kraftvoller Energiekreislauf geworden ist, der sich auf eurem Planeten in Form von Schnelligkeit, von Druck, von hochfrequenter Energie darstellt. Wir unterstützen euren Erwachensprozess, indem wir euch eure Energie als Resonanz zurückspiegeln, dadurch verstärken und euer Vorhaben beschleunigen.

In euch macht sich ein Druck, eine Hitze, eine kraftvolle Energie breit, die euch darin unterstützt, euer Licht zu verstärken und eure Frequenz zu erhöhen. Eine Energie, die euch immer mehr durchflutet und Stück für Stück aufwachen lässt, immer mehr Menschen wie magnetisch anzieht und sich euch als Druck oder Schnelligkeit zeigt.

Je mehr von euch sich bereit erklärt haben und je mehr Energie fließt, desto mehr Energie strahlt auch als Resonanz von unserer Seite aus zurück. Diese Energie ist kraftvoll. Sie ist nicht mehr aufzuhalten und erfasst jeden Tag mehr Menschen in ihrem Kreislauf. Es ist wie ein Tsunami, wie ein Tornado, aber in Wahrheit ein kraftvolles Licht-Rad, das sich dreht und immer mehr Wesen auf die neue Ebene *Terra 2* zieht. Selbst wenn ihr an *Terra 1* festhaltet, gebt ihr irgendwann diesem kraftvollen Sog nach.

Seid gewiss: Jeder von euch, der sich in diesem Energiekreislauf befindet, fügt mehr Energie hinzu. Es ist ein Energiekreislauf, der euch durchs Nadelöhr pusht. Es ist wie eine Teleportation, bei der ihr durch ein Licht-Tor in eine neue Frequenz hineingezogen werdet. Es ist wie ein Paralleluniversum.

Dieses Aufwachen fühlt sich an, als ob ihr morgens in einer vollkommen neuen Realität aufwacht und euch nicht mehr erinnern könnt, wie ihr eingeschlafen seid. Irgendwann könnt ihr euch nicht mehr an den alten Zustand erinnern. Dies ist von unserer Warte aus sichtbar. Dennoch müsst ihr erst durch diesen Prozess gegangen sein. Dieser Übergang stellt einen Sog dar und durch eure Bereitschaft stellt ihr bestimmte elektromagnetische Impulse zur Verfügung, die euch Stück für Stück unweigerlich in diesen Sog hineinziehen werden.

Es ist ein Einschwingen auf die neue Frequenz, ein Frequenzwechsel, ein Dimensionswechsel, ein Paradigmenwechsel, ein Quantensprung, den ihr in einem Augenblick vollzieht, der aber einer längeren Vorbereitungszeit bedarf. Menschen, die sich in eurem Umfeld befinden und ihre Bereitschaft bekundet haben, werden auch mit hineingezogen.

Kurz bevor der Sog euch erfasst, liegt eure größte Arbeit an. Deshalb ist das Thema Vertrauen so elementar. Bitte wisst, dass euch ab einem bestimmten Punkt geholfen wird und ihr nicht allein seid. Das hilft euch zu akzeptieren, dass all das in eurem Leben genauso passieren musste, damit ihr euch an diesem Punkt befindet.

Je nach Wesen, je nach Art der Erfahrungen, je nach individueller Bestimmung passieren euch andere Dinge auf unterschiedlichsten Ebenen, damit ihr euch ins Vertrauen hineingebt. Das ist auch, was wir meinen mit *Ihr seid nicht allein: Die ersten Schritte geht ihr, die anderen Schritte kommen wir euch entgegen.* – Ihr werdet aus der geistigen Welt unterstützt.

Einschwingen auf die neue Frequenz

Das Einschwingen auf die neue Frequenz erfordert viel Ruhe. Helligkeit, Wärme und rasante Geschwindigkeit machen diesen Sog aus. Es ist dieses Licht, das euch überfluten wird, wenn es durch euch fließt. Es ist wie ein großer Magnet, dem man nicht entkommen kann. Wie eine Welle wie ein Tsunami, der durch euch fließt, mit einem kraftvollen Impuls und kraftvoller Rückkopplung.

Diese Energie wird durch euch an andere Menschen übertragen, sodass sie auch in den Genuss dieses Seins-Zustandes kommen und in dem Moment ihre Schwingungen so weit erhöhen können. Eure Energie ist so kraftvoll, ist so lichtvoll, so unausweichlich, dass Menschen, denen ihr eure Energie übertragt, diesen Zustand einerseits gerne festhalten und andererseits diesen Zustand immer wieder erreichen wollen.

So ist sichergestellt, dass immer mehr Menschen, die erwachen wollen, in diesen Energiekreislauf hineingezogen werden. Ihr Erwachten seid das Bindeglied, dass auch andere erwachen. Ihr strahlt dann solch ein großes Licht, solch eine kraftvolle Energie aus, dass andere Menschen euch sehen, erleben und durch die Energie von euch in den Bann gezogen werden. Ihr erfahrt dadurch, welche Menschen erwachen wollen, denn ihr werdet sie an ihr Licht erinnern, an einen Zustand der Freude und Glückseligkeit, Ganzheit und Größe, nach dem sie sich so sehr sehnen.

Und es wird auch andere Menschen geben, die von euch so geblendet sind, dass sie mit euch nichts zu tun haben wollen, daran erkennt ihr Menschen und auch ihren freien Willen, im ersten Spiel zu verbleiben.

Ihr müsst weder missionieren noch irgendjemanden bekehren, sondern ihr werdet erleben, wer magnetisch von euch angezogen oder abgestoßen wird. Wir sagen euch: Ihr seid der Sog, wann immer ihr euch in dieser kraftvollen Energie befindet. Es ist pure Energie der Glückseligkeit von *Terra 2* – pures Licht, durch das ihr auf diesem Planeten wirksam sein wollt. Licht und Energie, die eine menschliche Erfahrung machen. – Als lichtvolle Wesen auf diesem Planeten zu wirken und damit eine menschliche Erfahrung zu machen, nur das hat es mit dieser Energie auf sich.

Das, was ihr jetzt tun könnt als letzten Schritt, da ihr viel Vorarbeit geleistet habt, euch abgearbeitet und abgestrampelt habt, ist ein-

fach: dem Prozess weiter zu vertrauen und euch nicht nach hinten beziehungsweise nach unten zu drehen. Erhebt vielmehr euer Haupt, vertraut dem Prozess und geht immer einen Schritt weiter. Egal was euch auch passieren mag, ihr seid bereits drin.
Vergleicht es mit einem Orkan oder einem Tsunami: Wenn man erst einmal davon erfasst ist, kommt man nicht mehr heraus und erlebt die Kraft, erlebt diese Power.
Vertraut diesem Prozess, macht den letzten Schritt und gebt euch Stück für Stück mehr hin. Überlasst es der geistigen Welt. Überlasst es dem energetischen Prinzip, wenn es euch in Gänze erfasst. Ihr werdet in dem Augenblick genau wissen, was ihr zu tun habt.
Achtet auf den Zeitpunkt, achtet auf die Synchronizität der Ereignisse sowie der Energiephänomene. Sie kommen immer mehr in euer Leben.
Es braucht aufgewachte Menschen mit magnetischer Ausstrahlung, sodass auch andere Menschen durch euer Beispiel aufwachen können. Ihr wirkt wie ein Sog, eine Lichtgestalt auf andere Menschen, die gern in eure Nähe kommen, die gern etwas von euch annehmen, die scheinbar aus unterschiedlichsten Gründen mit euch in Kontakt treten beziehungsweise in euer Energiefeld gezogen werden.
Es ist der Sog eurer Ausstrahlung und eure Präsenz im Licht, die eine Vielzahl von Menschen in euer Licht zieht. Es ist diese kraftvolle Energie, die sie spüren, sodass sie von euch Hilfe erbitten. – Und ihr könnt in dem Moment dann Hilfe geben.
Es ist eure Bestimmung, zu diesem Lichtprozess beizutragen. Ihr seid allesamt Katalysatoren, die Menschen benötigen, um sich in diesen Prozess hineinzubegeben. Also hört auf zu hadern und vertraut diesem Prozess. Vertrauen ist das Schlüsselwort für euch.
Die Angst vor dieser Art Schwingungen erzeugt in euch manchmal das Gefühl, als ob euch die Sicherungen im wahrsten Sinne des Wortes durchbrennen und es ist auf eine gewisse Art auch so. Ihr

erfahrt dann ganz intensiv diese neue Ebene. Es gibt eine Art Übergangsphase, bei der ihr einerseits die alte und andererseits die neue Ebene sehr bewusst erlebt.

Wir beobachten immer wieder, dass ihr euch auf diese alte Ebene herunterziehen lasst, weil ihr Angst habt, dass euch die Sicherungen durchbrennen. Das liegt daran, dass es einen riesigen Energieunterschied zwischen den Frequenzen von *Terra 1* und *Terra 2* gibt und ihr euch immer und immer wieder einschwingen müsst, angleichen, euch sozusagen strecken müsst, um durchs Nadelöhr hindurchzugehen.

Es wird einen Zeitpunkt geben, ab dem ihr auf der zweiten Ebene bleibt und aufhört, das alte Spiel mitzuspielen. Bis dahin erlebt ihr im alten Spiel diese Art Verhinderer, von denen das alte Spiel lebt. Vertraut dennoch dem Prozess, dass es nicht mehr aufzuhalten sein wird, wenn ihr euch einmal in diesen Sog hineinbegeben habt. Ihr werdet definitiv das alte Spiel verlassen, weil ihr es wollt. Weil es euer freier Wille ist.

Ihr werdet euch immer mehr und immer länger auf die neue Ebene einschwingen und immer weniger das alte Spiel mitspielen. Zu Anfang mag euch dieser Kontrast sehr stark und radikal erscheinen. Es ist wie der Unterschied zwischen einem sehr feinen Ton und einem sehr lauten dunklen Ton, der euch in dem Moment erreicht. Beides könnt ihr erst einmal nicht miteinander vereinbaren. Und da ihr das nicht könnt, geht ihr ins Altbekannte zurück. Dennoch strahlt ihr bereits eine andere Energie aus, die nicht mehr zur alten Ebene gehört. Ihr werdet sozusagen bemerkt.

Es ist an euch zu üben, auf die neue Ebene zu gehen, immer wieder und wieder durchs Nadelöhr zu gehen, immer wieder zu üben, euch einzuschwingen, dass euch der dunkle Ton, dass euch das alte Spiel gar nicht mehr erreicht.

Es ist eure Angst, dass eure Sicherungen durchbrennen, die euch

auf *Terra 1* zurückzieht, eine Abkehr von dieser hochfrequenten Energie. Jeder von euch erfährt diesen Übergangszeitraum. Das ist auch, was wir mit Abstrampeln und Kämpfen meinen.
Wir wollen euch noch einmal sagen, dass ihr nicht allein seid. Ihr helft euch gegenseitig, macht euch gegenseitig Mut, haltet euch gegenseitig das Licht, wenn das jeweils andere gedimmt ist. Ihr seid zutiefst gemeinschaftliche Wesen und erlebt, dass ihr gemeinsam mehr bewirken könnt. Selbst wenn es manchmal für euch schwierig erscheint, uns zu kontaktieren. Selbst wenn ihr manchmal verzweifelt ruft und denkt, ihr dringt nicht zu uns durch. *Auch wenn euch scheinbar alle möglichen Hindernisse in den Weg kommen, solltet ihr eines wissen: Ihr dringt immer – und wir betonen: immer! – zu uns durch.* Wir haben es längst gehört, längst vernommen. Egal was kommt, wir sind immer bei euch. Wir können gar nicht anders als bei euch sein, dies stellen wir voran.

Frage: Könnt ihr uns eine spezielle Übung zum Thema Vertrauen empfehlen?

Das Thema *Vertrauen* ist eine so große Sache für euch, dass ihr es von eurer Warte aus gar nicht in Gänze überblicken könnt.
Vertrauen könnt ihr aus eurer Warte nur erfahren, ihr könnt Vertrauen nicht üben. Wenn es eine Übung gäbe, dann würde diese Übung bedeuten: *Geht euren Weg, hört auf die Stimmen, achtet auf die Energie, achtet auf die Hinweise und folgt ihnen.* Wenn ihr diesen Hinweisen folgt, erlernt ihr automatisch Vertrauen.
Wenn ihr Antworten und Hinweise wahrnehmt und ihnen trotzdem nicht folgt, folgt ihr einem Weg voller Bitternis, voller schwerer

und fragwürdiger Ereignisse, die euch euer Leben unnötig schwer machen.

Ihr seid in einer bestimmten Sequenz, in einem bestimmten Muster gefangen. Aus diesem Muster kommt ihr nur heraus, wenn ihr auf die Zeichen in eurem Leben achtet, wenn ihr eurer inneren Stimme endlich (!) Gehör schenkt. – Egal ob ihr einen Hinweis über einen Menschen, über ein Buch, über einen Film, über ein Musikstück, über einen Gedankengang, über ein Gefühl, über eure Sinne im Allgemeinen habt, wie wir es genau beschrieben haben. Folgt radikal eurem Weg, das ist die beste Übung, um Vertrauen zu erfahren. Vertrauen könnt ihr einzig und allein erfahren. Das ist der Weg und auch die Übung. Die Übung besteht darin, eurer inneren Stimme und den Signalen zu folgen. Folgt den Zeichen und hört auf, euch gegen die Zeichen zu erwehren. Hört auf, euch in diesem Muster weiter gefangen zu halten. Hört auf, dieses klägliche Spiel zu spielen. Kläglich, weil es mühsam ist, kläglich, weil es nicht eurer wahren Identität, eures ganzen Seins entspricht.

Ihr beklagt euch immer wieder, dass ihr nicht geführt werdet, ihr beklagt euch, dass ihr nichts mitbekommt, und wir sagen euch: Das stimmt nicht. Ihr bekommt so viele Hinweise. Ihr folgt ihnen nicht oder nur unzureichend und beschwert euch dann. Damit haltet ihr euch im alten Spiel beziehungsweise Muster gefangen. Hört auf damit. Hört auch auf, euch mit anderen Wesen, die ähnlich in diesem Muster gefangen sind, auszutauschen. Erkennt das Spiel, erkennt das Muster und verlasst es, indem ihr den Zeichen folgt.

Noch einmal: Die Übung besteht darin, den Zeichen zu folgen, ohne dass ihr wisst, wohin der Weg führt, ohne Rückversicherung, ohne doppelten Boden, tut es einfach. Wir wissen, dass dort eure größte Angst liegt, und diese Angst ist es, die euch im alten Muster gefangen hält. Das sich immer wiederholende Spiel erzeugt bei euch viel Leid, doch ihr spielt es immer und immer wieder, weil es

euch vertraut ist. Das ist das Spiel, das auf eurem Planeten vorherrscht, das gerne zumeist gespielt wird. Man könnte es auch *Mensch ärgere dich nicht* nennen. Ihr spielt es und spielt es und spielt es und spielt es immer wieder – viele von euch bis zum Tod. Dann spielt ihr das Spiel auf einer anderen Ebene weiter.
Hört auf mit diesem Spiel. Fangt an, den Zeichen zu folgen. Zeichen können sich auch über Träume zeigen. Werdet zu Zeichenfindern, Zeichenjägern, das ist unser Tipp.

Frage: Wie verhält es sich mit dem von euch beschriebenen Sog genau? Werde ich nur einmal oder ständig aufs Neue in diesen Sog hineingezogen, um Dinge zu verstehen und auf der anderen Seite komplett zu sein?

Das ist dieser Zwiespalt, in dem ihr euch alle befindet, das ist auch das alte Spiel. Dieses Spiel, dieses Muster, von dem wir eben sprachen.
Fangt an, auf die Zeichen zu hören. Ihr werdet dadurch immer mehr in den Sog geraten, von dem wir sprachen und von dem du jetzt sprichst. Indem ihr auf die Zeichen achtet, die eurer Leben euch zeigt, werdet ihr euch automatisch in einem Sog wiederfinden.
Immer dann, wenn ihr aufhört, auf die Zeichen zu achten und stattdessen mit eurem Verstand verstehen wollt, ist es, wie aus einer kleinen Perspektive heraus das große Ganze verstehen zu wollen. Das funktioniert nicht.
Wenn ihr auf die Zeichen achtet, wird euch sehr viel klar werden. Viel klarer, als es jemals von eurer kleineren Warte aus möglich ist, denn dann gebt ihr euch einer größeren Präsenz eures Selbst hin.

Von dieser größeren Präsenz aus, von eurem höheren Selbst aus werdet ihr die Zusammenhänge Stück für Stück erfahren. Diese Klarsicht, die ihr dadurch erhalten werdet, wird all eure Fragen beantworten. Sie bringt euch in einen Flow, wir nennen es *Sog*.

Wenn wir vom *Einschwingen* sprechen, ist es genau das. Folgt den Zeichen und euer Leben wird sich immer klarer vor euch auftun und ihr werdet zunehmend klarsehen, klarhören, klarfühlen. Das ist das, was ihr allgemein als *hellsehen, hellhören, hellfühlen* bezeichnet. Sie verstehen sich in der Übung, radikal den Zeichen zu folgen und hören gleichzeitig auf, ihrem Mind und damit ihrer Angst zu folgen.

Solange ihr euch entscheidet, eurem Verstand zu folgen, der es niemals, wirklich niemals begreifen kann, werdet ihr nicht diese Klarheit erreichen, die ihr euch so wünscht. Ihr braucht eure höhere Präsenz dazu.

Solange ihr im alten Muster gefangen bleibt, erlebt ihr das als Rausfallen aus dem Sog. Ihr habt jedoch immer und immer wieder die Möglichkeit, euch wieder in diesen Sog hineinzubegeben, indem ihr wieder anfangt, euren Zeichen im Leben zu folgen.

Das ist die Übung, das ist dieser Sog, das ist die Erfahrung aus einem neuen, größeren, erwachten Bewusstsein heraus.

Erwachtes Bewusstsein folgt den Zeichen. Hört auf zu hadern. Das ist auch das, was wir mit Vertrauen meinen. Ihr seid dann ein größeres Ganzes euer Selbst. Ihr hört auf zu hadern, zu zweifeln, ihr hört auf, infrage zu stellen. Ihr benutzt euren Verstand als Weggefährten und als ausführendes Organ.

Wenn euer Verstand zweifelt

Immer dann, wenn ihr anfangt zu zweifeln, zurückzufallen droht, es sich anfühlt wie *rausgefallen*, seid ihr wieder einmal eurem Verstand erlegen. Immer dann, wenn ihr eure Kleinheit überbewertet, statt in eure volle Präsenz und in eure Klarheit zu gehen, seid ihr im Verstand.
Klarheit kommt nicht aus dem Verstand. Klarheit kommt immer aus der höheren Präsenz eures Selbst. Ihr erkennt immer und immer wieder eure Zeichen, das ist nicht das Thema. Euer Thema ist, dass ihr Angst vor den Konsequenzen habt, wenn ihr den Zeichen folgt. Solange euch eure Angst zurückhält, ihr es nicht ausprobiert, werdet ihr im Zweifel bleiben. Das ist die Art des Musters, das euch gefangen hält. Probiert es! Wenn ihr das nächste Mal ein Zeichen erhaltet, geht einfach diesem Zeichen radikal nach. *Radikal* bedeutet in aller Konsequenz, selbst wenn ihr keinerlei Sicherheiten habt. Ihr spielt zu wenig. Ihr wollt die Antwort schon vorher haben, bevor ihr es getan habt. Aber so läuft diese Übung nicht ab. Wir sehen schon, dass diese Übung euch am schwersten fällt.
Dennoch, wenn ihr nicht anfangt auszuprobieren zu spielen, werdet ihr niemals ins Vertrauen kommen, weil ihr dann ewig dem alten Muster folgt. Die Angst ist es, die euch und auch dich im speziellen Fall abhält. Genauso wie du es beschrieben hast, dass du Angst hast, dass diese Zeichen nicht richtig sind. Und das ist dieses Dilemma, das ihr alle erfahrt. Ihr erhaltet ein Zeichen aus eurer höheren Präsenz und dann will euer kleiner Verstand sofort alles erfassen. Das kann euer kleiner Verstand nicht, denn im Verhältnis zu eurer größeren Präsenz ist euer Verstand klein. Euer kleiner Verstand kriegt dann Angst, will es sofort kontrollieren, will es sofort verstehen und genau da liegt die Krux. Lasse dieses Verstehen wollen los. Gehe einfach einen Schritt weiter, auch wenn du es noch

nicht verstehst. Gehe einfach, auch wenn du Angst hast. Wenn du diesen Schwindel aufgibst, wirst du die ganze Wahrheit erkennen, statt wie bisher die Halbwahrheit. Denn wenn du diesen Zeichen gefolgt wärst, wärst du den richtigen Weg gegangen. Wenn du an diesen Zeichen zweifelst, drehst du eine Ehrenrunde nach der anderen, ihr wiederholt das alte Muster, das alte Spiel. Du wirst durch viele Rückerinnerungen erkennen, dass, wenn du in der Vergangenheit diesen Zeichen gefolgt bist, ohne die Antwort bereits zu wissen, du immer richtig lagst. Du lagst nicht ein einziges Mal falsch. Das bedeutet, dass du radikal ehrlich zu dir sein darfst, dass ihr alle radikal ehrlich zu euch sein dürft.

Schaut also genau hin, nehmt die Brille ab, erkennt das Spiel des Verstandes und hört auf, es zu spielen. Werdet zu Zeichenjägern, ohne die Antwort bereits zu wissen. Folgt den Zeichen und erkennt, dass euch eure innere Stimme immer zur Verfügung steht. Egal ob sie über Bilder, über Gefühle oder Worte mit euch kommuniziert. Tut, was immer nötig ist, um aus diesem Muster auszusteigen.

In eurem Leben gibt es einen Lebensweg, der euch vorbestimmt ist, den ihr in euch tragt, und diesen Weg könnt ihr über alle möglichen Umwege und Windungen verlassen. Dennoch werdet ihr irgendwann auf diesen Lebensweg zurückfinden. Die Zeichen zeigen euch euren Lebenspfad an. Eure Zweifel sowie die Entscheidungen wider besseres Wissen, führen euch zu den Irrungen und Wirrungen, auf die Umwege, die ihr einschlagt, bevor ihr wieder euren vorgesehenen Lebenspfad aufnehmt.

Eines steht fest: Egal wie oft ihr eurem Verstand, eurem kleineren Ich Raum gebt, ihr werdet irgendwann wieder klarsehen, klarfühlen, klarhören, weil ihr dann die Zeichen, die euch gegeben werden, nicht mehr überhören könnt.

Ihr erhaltet irgendwann so *deutliche Zeichen*, dass ihr einfach hinschauen müsst und einfach den notwendigen Entwicklungsschritt, sozusagen den Sprung hinaus aus dem alten Muster (aus den Irrungen und Wirrungen) tun müsst.

Es obliegt natürlich eurem freien Willen, immer wieder euren Lebenspfad zu verlassen, aber sagt nicht, dass ihr nicht genug deutliche Zeichen vernehmt und nicht geführt werdet, denn das werdet ihr! Ihr könnt euch entscheiden: Folgt ihr eurem Lebenspfad auf direktem Wege, fahrt ihr die Autobahn oder fahrt ihr Landstraßen. Ihr kommt aber immer zum Ziel, das ist nicht die Frage. Dennoch könnt ihr, wenn ihr die Autobahn nehmt, im schnelleren Tempo an bestimmte Zwischen-Etappen in eurem Leben kommen. Auf direktem Wege erreicht ihr eure Ziele schneller und leichter.

An bestimmten Punkten könnt ihr eine Entscheidung treffen, auf dem direkten Weg zu bleiben. Ihr habt dann die Möglichkeit, ab diesem Punkt eine Erweiterung eures Lebens, was ihr gerne den *Flow* nennt, zu erfahren. Erwachtes Bewusstsein ist nichts anderes, als im Flow zu bleiben und fliegen zu können. Ihr könnt aus diesem Perspektivwechsel noch viel mehr wahrnehmen und erreichen und das so viel leichter und bequemer.

Ihr habt mehrere Zeitfenster in eurem Leben, mehrere Sequenzen, in denen ihr den direkten Weg wählen könnt; ihr könnt euch immer wieder von Neuem dazu entscheiden. Folgt ihr eurem kleinen Geist, eurem Verstand, werdet ihr immer wieder auf Landstraßen kommen und alle Verästelungen mitnehmen.

Dies bewerten wir nicht. Das ist eure eigene Entscheidung. Bedenkt jedoch, dass ihr den direkten Lebenspfad, sozusagen die Autobahn mit einkalkuliert habt. Entscheidet euch selbst, welchen Weg ihr wählt. Wir sind jedenfalls bei euch.

Ihr seid nicht allein!

3. Schlüssel – Liebe

Geliebte Wesen,
wir wollen voranstellen, dass die Fragen, die du stellst, liebe Ute, Teil des Buches sind. Selbst wenn sie dir komisch oder fast peinlich erscheinen mögen, Ute, sind es Fragen, die von größerem allgemeinem Interesse sind, als du glauben magst. Sie betreffen im Grunde euer aller Leben.
Wenn du genau hinschaust, ist euer aller Ziel, den direkten Weg zu nehmen und dann in den Flow zu kommen und zu fliegen. In Gemeinschaft aufwachen zu wollen, ist genau dieser Sprung, den wir den *Sprung in ein erwachtes Bewusstsein* nennen. Stelle also getrost deine Fragen weiter. Wir ermuntern dich dazu. Scheue dich nicht, weil du glaubst, dass die Fragen nicht in dieses Buch gehören, denn dann bedienst du wieder dein altes Muster. Du erkennst es daran, dass du und ihr euch zu klein, zu wertlos, zu wenig empfindet. Dann erlebst du genau das, was wir dir beschrieben haben. Bemerke es am besten mit: *Ah, ich fahre wieder über Landstraße!* – Sei achtsam.
Nun kommen wir zum nächsten Schlüssel: Das ist, was ihr mit *Liebe* umschreibt. Dennoch ist dieses Thema viel größer, weil ihr alle das Wort *Liebe* missversteht, missbraucht, es für alles herhalten muss, teilweise verbrannt ist, in hohem Maße abgewertet und, wie gesagt, missverständlich ausgedrückt wird.
Wenn ihr auf euren Planeten kommt, gibt es zwei Dinge, die ihr wissen dürft. Das eine ist, dass ihr tatsächlich aus der Einheit heraus in die Zweiheit, in einen lebenden Organismus hineinfallt. Das andere ist, dass ihr euch inkarnieren und aus eurer Einheit herausfallen könnt, dafür ist ein Akt von höchster irdischer Liebe notwendig. Ohne dass alle Beteiligten in höchster Liebe sind, ist es gar

nicht möglich, dass ihr inkarniert. Egal was für Umstände während eurer Zeugung vorherrschten, die höchste Form von irdischer Liebe ist notwendig, damit es überhaupt zur Befruchtung kommt. Es gibt aus dieser höheren Sichtweise wie gesagt keine ungewollte Empfängnis. – Aus eurer Sichtweise schon, das hat jedoch nichts damit zu tun, dass ihr überhaupt nicht in einen Körper kommen könntet, wenn nicht diese höchste irdische Liebe da wäre. Es ist ein Akt, der in seiner Schönheit nicht zu übertreffen ist. Er ist von einer Helligkeit und Schönheit gekennzeichnet, die ihr auch erfahren könnt, wenn ihr einander beim Sterben begleitet, wenn ihr den Augenblick erlebt, wenn ein anderer Mensch seinen Körper verlässt. Diese Größe, diese Schönheit, dieses Licht, das eurem Körper Lebendigkeit einhaucht, ist es, was zu Anfang und am Ende sichtbar wird. Das ist es, was ihr erfahrt, wenn ihr Menschen begegnet, die sich im Sterbeprozess befinden. Es ist diese Schönheit, es ist diese Reinheit, es ist diese Liebe zu Beginn und am Ende eurer Inkarnation.

Kommen wir darauf zurück, dass ihr mit dieser höchsten und reinsten Form der Liebe startet. Manche unter euch erleben diesen Zustand von reiner Liebe länger, manche kürzer. Das hängt von den Erfahrungen im Mutterleib ab. Dennoch ist eines sicher: Im Moment eurer Zeugung ist diese reine Liebe vorhanden. Keiner soll also sagen *Wir wollten kein Kind, wir durften nicht zusammenkommen* oder was auch immer erzählt wird, denn das stimmt nicht. Das ist erst nachträglich hinzugedichtet worden. Im eigentlichen Akt ist diese Schönheit, dieses Licht, diese höchste Form reinster Liebe sichtbar.

Wir sagten bereits, dass negative oder gar traumatische Erfahrungen, die sehr früh nach der Zeugung und Geburt stattfinden, euch Stück für Stück aus dieser höheren Präsenz und Liebe herausbringen. Es sind wie immer eure Lebensumstände, die euch mehr oder weniger aus der Energie der höchsten Form von Liebe bringen.

Innerhalb eurer Inkarnation habt ihr immer wieder die Möglichkeit, die höchste Form von Liebe zu erfahren. In dem Moment, wenn ihr verliebt seid oder euch geliebte Menschen verlassen, erfahrt ihr diese höchste Form, diese Reinform von Liebe, auch und insbesondere durch Schmerz. Indem ihr etwas für euch sehr Wichtiges verliert, erinnert ihr euch an die Liebe, indem ihr die Abwesenheit dessen fühlt. Es berührt euch in hohem Maße.

Nun könnt ihr die höchste Form der Liebe auch über Tiere erfahren, deswegen liebt ihr Tiere. Tiere haben keinen Verstand, sie sind in der höchsten Präsenz, sie können nicht anders, als in dieser höchsten Präsenz verweilen. Sie erinnern euch an die höhere Präsenz von Liebe.

Liebe umarmt das Leben in seiner Ganzheit. Die Erinnerung an die höchste Form von Liebe ist es, die euer Herz zuweilen schwer macht. *Schwer*, weil etwas aufbricht und sich an die reinste Form von Liebe erinnern möchte. Ihr habt dieses Gefühl im Akt der Zeugung schon einmal gefühlt. Das Gefühl des Zustandes von höchster Liebespräsenz und tiefster Verbindung ist es, das euch ermutigt hat, hierher zu kommen, und was ihr im letzten Atemzug in der Form erfahrt, wie ihr es nur auf dieser Erde erleben könnt.

Nun ist es so, dass ihr euch nicht mehr an den Akt eurer Zeugung erinnert. Dennoch erinnern sich viele von euch an andere Menschen, zu denen ihr eine sehr tiefe Verbindung habt. Und wenn ihr das Glück hattet, einen Menschen zu erleben, der euch uneingeschränkt liebte oder in Liebe gegangen ist, könnt ihr nachvollziehen, was wir meinen.

Nun sagen wir, dass ihr nicht alle Liebe durch Schmerz erfahren müsst. Dennoch wissen wir, dass ihr durch Schmerz eine erneute Erinnerung erfahren werdet. Es ist eine Art Neustart, der euch noch einmal an euren ursprünglichen Inkarnationswunsch und Forschungsauftrag erinnert. Wenn ihr solche Zustände schon einmal erfahren habt, wisst ihr, dass ihr in diesem Moment die Erde umarmt. In diesem Moment verzeiht ihr, in diesem Moment werdet ihr voll in euer Herz katapultiert. Es ist wie ein Befreiungsschlag, da viele von euch mit einem sehr dicken Brustpanzer herumlaufen.

Ihr habt im Laufe eures Lebens erfolgreich gelernt, euer Herz zu schützen, euch eure Liebesfähigkeit abzutrainieren, zu mauern, euch selbst in Käfigen einzusperren. Da ist wieder dieses Spiel, das wir bereits beschrieben haben. Wenn ihr eine Verletzung spürt, ist es ein Akt der Gnade für euch selbst, nicht zu mauern, euch nicht abzuschotten. Atmet stattdessen in euer Herz hinein und hört auf, euch dagegen zu schützen. Euch dagegen zu schützen bedeutet, dass ihr eine Mauer nach der anderen aufbaut, atmet besser in den Schmerz hinein. Dann werdet ihr, nachdem ihr scheinbar davon mitgerissen werdet und ihr dieses Gefühl zulasst, eine allumfassendere Liebe empfinden als zuvor. Ihr werdet eurem Leben offener und liebevoller begegnen können. Ihr werdet gewandelt sein und mehr Liebe empfinden. Euer Umfeld wird euch auch liebevoller wahrnehmen. Ihr werdet mehr sehen, mehr fühlen, mehr hören. Ihr werdet sozusagen klarsehen, -hören oder -fühlen. Euer Herz ist so mächtig, ist so kraftvoll. Wenn ihr Herzschmerzen bekommt, ist das ein Zeichen, dass ihr euch gegen eure eigene Natur, gegen eure eigene Liebe wendet. Lasst es, ihr blockiert eure höchste Präsenz der Liebe.

Das, wovor ihr am meisten Angst habt, wenn ihr eure Herzen der Liebe öffnet, ist verletzt zu werden. Dieses Muster hält euch in Wahrheit davon ab, Liebe wirklich und wahrhaftig zu fühlen. Öffnet euer Herz und lasst zu, den Herzschmerz zu fühlen, um liebesfähiger zu werden. Damit baut ihr eure Herzmauern ab. Mauern, die sich um euren Brustkorb und euer Herz gebildet haben.

Wir sagen euch, weint wieder mehr, ohne ins Drama zu gehen. Vergießt Tränen, scheut euch nicht, habt keine Angst zu weinen. Es ist ein Akt von Stärke, Tränen zulassen zu können. Das reinigt euch und euer Herz. Das reinigt eure ganze Präsenz.

Eins der großen Mythen und Irrtümer zum Thema *Liebe* ist, wer sich der Liebe öffnet und Gefühle zeigt, sei schwach. Das ist der größte Irrtum, der zum Thema *Liebe* entstanden ist. Diejenigen unter euch, die ihr Herz blockieren, bekommen diese berühmten Themen mit ihrem Herzen, wie unter anderem Herzinfarkte, weil sie aufgehört haben durchzuatmen, aufgehört haben, sich die Freiheit und Offenheit zuzugestehen, die Liebe zu fühlen. Es ist kein Akt von Stärke, diesen Brustpanzer zu tragen. Es ist eher ein Akt von Schwäche. Ist es nicht stärker, dem Leben offen zu begegnen und es eher durch sich hindurchfließen zu lassen, als dagegen zu mauern und dann eine größere Blockade und heftigere Reaktionen im Leben auszulösen? Es ist wesentlich einfacher und da hilft euch euer Atem, den Schmerz durch euch durchfließen zu lassen, statt ihn zu blockieren. Egal, was ihr erlebt, egal wie groß der Schmerz ist, atmet tief ein und vor allem aus.

Liebe ist stark. Liebe ist kraftvoll. Liebe macht euch erst zu einem starken, kraftvollen Menschen. Nur durch Liebe könnt ihr erfüllen, wozu ihr einstmals angetreten seid. Nur durch Liebe seid ihr hergekommen und im letzten Atemzug wird euch dies noch einmal bewusst. Liebe ist es, die euch immer wieder zurück zu eurem Weg bringt. Liebe ist es, die euch eure Bestimmung leben lässt. Ohne Liebe ist alles nichts. Liebe ist das notwendige Salz in eurer Suppe. Liebe braucht ihr, um voranzugehen, und wir betonen hier ausdrücklich, dass ihr sie braucht. Ohne Liebe werdet ihr auf der Stelle treten, ohne Liebe, und jetzt sind wir ganz deutlich, werdet ihr niemals euren Forschungsauftrag sowie eure Bestimmung verwirklichen. Ihr seid aus einem Akt der Liebe entstanden. Ihr geht mit Liebe. Ihr habt verschiedene Möglichkeiten, wo ihr Liebe erfahren könnt.

Ihr seid hier, um es ganz klar zu formulieren, um die Liebe über eure Präsenz zu erfahren. Euer Forschungsauftrag sowie eure Bestimmung dienen euch dazu, Liebe aus der menschlichen Sichtweise heraus zu erfahren, mit den Möglichkeiten, die ihr zur Verfügung habt mit euren Potenzialen. Wenn ihr eure Bestimmung lebt, erfahrt ihr Liebe, nicht mehr und nicht weniger.
Das ist das, was euer Motor ist. Das ist das, was euch antreibt. Fehlt euch die Liebe, fehlt euch alles und ihr werdet, noch einmal deutlich gesagt, niemals euren Forschungsauftrag erfüllen und damit eure Bestimmung verwirklichen.
Also hört auf, das sagen wir mit einem eindeutigen Appell, die Liebe mit weiteren Mythen zu belegen. Hört auf, die Liebe falsch zu verstehen.
Liebe kennt keine Angst. Liebe ist Liebe, ist höchste Präsenz und umarmt das Leben selbst. Bedenkt noch einmal: Ihr seid aus Liebe gekommen.
Das ist der einzige Antritt, warum es sich für euch lohnt, hierher zu kommen, ihr wollt die Liebe erfahren. Und wenn ihr sie nur beim Kommen und beim Gehen erfahrt, hat es sich für euch schon gelohnt. Denn eines ist sicher: Ihr erfahrt sie zu beiden Zeitpunkten.
Nur wäre es ein vertanes Leben, wenn ihr nicht zwischendurch diese allumfassende Liebe fühlen könntet. Deswegen liebt ihr Menschen, die in ihrer Liebesfähigkeit sehr weit gekommen sind, deren Herz offen ist. Ihr werdet die Menschen erkennen, durch deren ganze Präsenz sehr viel Liebe fließt. Sie ziehen euch magnetisch an. In Wahrheit ist es die Liebe, die durch sie strahlt, die euch anzieht.
Es ist einzig und allein die Liebe, die einen so großen Sog bildet, dass ihr euch unweigerlich angezogen fühlt. Wenn ihr in der Gegenwart dieser Menschen seid, erfahrt ihr durch sie ein Stück Liebe, und das ist das, wofür es sich lohnt zu leben. Ein erwachtes Bewusstsein befindet sich in der höchsten Präsenz von Liebe.

Erfahrt ihr ein Leben ohne Liebe, ist euer Leben für euch in Wahrheit sinnlos. Ihr verfehlt euren Forschungsauftrag und sucht eure Bestimmung vergeblich, denn ohne die Liebe werdet ihr weder euren Forschungsauftrag erfüllen noch eure Bestimmung finden. Es wird sich nicht in dem Maß Zufriedenheit einstellen, wie sie sich einstellt, wenn ihr Liebe erfahrt.

Wir sagen nicht, dass ihr unbedingt einen anderen Menschen dazu braucht, ein anderes Lebewesen. Wir sagen jedoch, dass ihr gut daran tut, in Beziehung zu gehen, weil ihr dort besser und einfacher Liebe erfahren könnt. Deshalb schaffen sich so viele unter euch Tiere an, weil sie dort sehr einfach Liebe erfahren können, weil das Tier keinen Brustpanzer hat.

Man könnte es sagen, ihr sehnt euch nach Liebe, euer innerer Antrieb besteht aus Liebe. Ihr seid Liebe, ihr seid Geschöpfe der Liebe. Lasst also zu, dass eure Panzer aufbrechen, lasst im Umkehrschluss eure Verletzlichkeit wieder zu, atmet in euren Schmerz hinein.

Bemerkt durch diese Übung, dass ihr daran nicht sterben werdet, denn davor habt ihr insbesondere Angst. Ihr denkt, wenn ihr verletzt werdet, dass ihr sterben müsstet. Ihr geht nicht das Risiko ein, es einfach auszuprobieren, zu sterben. Sozusagen ins Leben zu sterben wie bei einem Orgasmus, denn dort ist diese Präsenz von Liebe immer vorhanden. Beim Orgasmus besteht immer die Möglichkeit, dass neues Leben zu euch dringt, selbst wenn ihr längst nicht mehr empfängnisbereit beziehungsweise zeugungsfähig seid. Es ist nur eine kleine Sequenz. Dennoch ist es diese kleine Sequenz, dieser Moment, der ein ganzes Leben ausmacht.

Deshalb ist es verständlich, dass ihr euch alle um dieses Thema so bemüht. Weil sich dort der größte Akt von Liebe verbirgt. Es ist das, was ihr dadurch wiederzufinden sucht.

Übung Herzatmung

In schmerzvollen Momenten, das kann ein kleinerer und ein größerer Moment sein, haltet inne, bevor ihr reagiert, und atmet in euer Herz hinein. Atmet durch euch durch, atmet, atmet, atmet, atmet tief in euer Herz hinein. Atmet diesen Schmerz ein und wieder aus. Bewegt ihn einmal durch euer Herz und ihr werdet sehen, wie ihr euren Brustpanzer einreißen könnt. Atmet.

Jedem unter euch, der bereits mit dem Herzen etwas hat, sei gesagt: Fang wieder an das Durchatmen zu lernen, im wahrsten Sinne des Wortes. Diese einfache Übung ist nicht als solche bekannt und wird zuweilen völlig abgetan. Die, die ihr verehrt, sind die, wenn ihr genau hinschaut, die ein erwachtes Herz besitzen, da sie durch bestimmte Ereignisse in ihrem Leben eindringlich aufgefordert wurden, ihr Herz so weit zu öffnen. Es kann wohlgemerkt eine lange Krankheit sein, ein sehr schmerzliches Ereignis, ein Unfall, eine Operation oder ein Herzstillstand, der in dem Moment diese allumfassende Liebe noch einmal reaktiviert.
Auch Menschen, die einen Herzstillstand schon einmal erfahren haben, haben diesen Resetknopf gedrückt und in dem Moment noch einmal erfahren, was ihr eigentlicher Antrieb ist.
Euer Antrieb, wir wollen und können es nicht genug betonen, ist Liebe. Alles andere ist Beiwerk. Ihr wollt eure Bestimmung durch Liebe erfahren, in ihrer höchsten Form, die euch möglich ist, und das unaufhörlich bis zum Lebensende.
Bedenkt noch einmal, die höchste Form der Liebe war bei der Zeugung da. Die höchste Form der Liebe, die euch möglich ist, erfahrt ihr noch einmal in eurem letzten Atemzug. Deshalb erfahren Menschen unter euch, die Sterbende begleiten, immer und immer wie-

der diesen höchsten Akt von Liebe. Auch menschliche Wesen, die Geburtsprozesse begleiten beziehungsweise erleben, erfahren diesen höchsten Akt von Liebe. Es gibt neben all den Ängsten und Schmerzen einen Moment, der die Schönheit des Herzens, die Schönheit der Liebe, der die Schönheit der Seele offenbart. Für diese Liebe und Schönheit lohnt es sich zu leben. Deshalb ist die Liebe unter anderem euer Antrieb. Wahre Schönheit kommt von innen.
Ihr könnt es auch durch vielerlei andere Erfahrungen erleben. Es ist euer Mitgefühl, es ist euer Betroffensein, das euch ins Herz, in euren tiefsten und höchsten Punkt von Liebe zurückbringt. Hört also auf, diese Liebe mit Mythen zu belegen, und kehrt zurück zur Erinnerung, warum ihr einstmals angetreten seid.
Ihr könnt euch jetzt auch vorstellen, warum bestimmte Übungen, die eher auf eurer Verstandesebene vollzogen werden, euch nicht beantworten können, was eure Bestimmung beziehungsweise Forschungsaufgabe ist, denn all das ist nur schmückendes Beiwerk. Sie dürfen euch in erster Linie an diese höchste Liebe erinnern. Euer Leben stellt euch vielerlei Ereignisse bereit, um euch daran zu erinnern, euer Herz zu öffnen und durchzuatmen, um euch daran zu erinnern, warum ihr hier seid und was eure Bestimmung ist.
Dennoch ist es um die Liebe zu erfahren, weswegen ihr hier seid. Die Liebe, die euren Planeten so anders macht. Die Liebe, die die menschliche Erfahrung so besonders wertvoll macht. Das Leben selbst ist es, das manchmal so achtlos weggeschmissen wird. Die Antwort ist immer: Es fehlt die Liebe und damit der Sinn. Es macht euch demütig, wenn ihr bereits erfahren habt, wie schmerzhaft es ist, das Leben schon einmal scheinbar verloren zu haben.
Erst nach einem gelungenen Leben, nach einer Vielzahl von Erfahrungen, insbesondere der Liebe, ist es euch möglich, loszulassen und diesen Planeten in Frieden zu verlassen. Vorher ist es euch nicht möglich.

Wenn also einige unter euch bleiben oder noch einmal eine zweite, dritte, fünfte oder achte Chance erhalten, ist es so, dass sie die Entscheidung getroffen haben, im Tod selbst noch einmal die Liebe mit aller Kraft erfahren zu wollen, ohne tatsächlich zu sterben. Sie erinnern sich in dem Moment an ihre Forschungsaufgabe und wollen ihre Bestimmung verwirklichen. Sie erhalten eine erneute Chance und damit auch ein anderes Wissen oder Bewusstsein. Das Spiel ist noch nicht beendet.

Und es ist auch ein Versprechen, das sie sich selbst gegenüber gegeben haben, als sie noch einmal diese erneute Chance erhielten. Es ist also der tiefste Antritt zu wissen, die Liebe erfahren zu können. Wenn dieses Wissen nicht gegeben ist, gibt es weder eine zweite noch eine dritte oder vierte Chance. Dann geht ihr erneut in die Inkarnationsschleife zurück und erhaltet so eine neue Chance.

Dieses wollen wir euch zu diesem Schlüssel mitteilen. Es gibt auch nichts hinzuzufügen. Lasst diese Worte oder Sätze sich setzen, bewegt sie durch euer Herz. Dafür wünschen wir euch genügend Atem.

Frage: Wenn mein Herz durch eine Art Mauer blockiert ist, wie kann ich meine Herzmauer sprengen?

Es liegt in der Natur der Sache, dass, je mehr Erfahrung du auf diesem Planeten gemacht hast, schmerzliche Sequenzen über den Tod geliebter Menschen eingebaut werden, die deinen Brustpanzer sprengen. Nun ist es deine eigene Entscheidung, die Sprengung und den Schmerz zuzulassen, wieder zu weinen oder dich dagegen zu sperren. Du wirst erneut Verluste erleben, Menschen und Tiere, die sich von dir trennen. Bestimmte Situationen, die dich verlassen. Über diese Ereignisse hast du immer wieder eine neue Chance, in dein Herz hineinzugehen, indem du diesen Schmerz zulässt und lernst, wieder tief in deinen Brustkorb und in dein Herz zu atmen und dich während der Atmung Stück für Stück fühlst. Es dauert einen Moment, bis du während deiner Atmung bewusst dein Herz fühlen kannst, doch du kannst es über diesen Weg erreichen.

Ein euch auf andere Weise zur Verfügung stehender Weg ist der durch Schmerz. Statt dass ihr euch ärgert, euch verletzt fühlt und gemäß eurem alten Muster mauert, wäre es sinnvoll, einen Moment durchzuatmen. Je mehr euch das gelingt, desto offener werdet ihr im Herzen. Ihr werdet in eurem Leben eine Vielzahl an Möglichkeiten erhalten, dies zu tun.

Möglichkeiten lauern an jeder Ecke. Es reicht, wenn ihr im Supermarkt angepöbelt werdet, wenn euch jemand schief anschaut, wenn euch jemand ungerecht behandelt, wenn andere Menschen mit euch unsachgemäß kommunizieren. Das ist das Einfachste und Beste, wenn ihr betroffen seid. Das geschieht sehr oft in eurem Leben, immer wieder dann, wenn ihr dieses erlebt und sofort in die Verteidigung geht. Dann fangt an, dies wieder zu euch durchdringen zu lassen. Manchmal müsst ihr dann weinen. Manchmal wird euer Herz schwer, manchmal wisst ihr gar nicht, wo euer Boden ist, weil ihr scheinbar so tief fallt. Lasst es durch euch durchfließen. Ihr werdet sehen, dass ihr Stück für Stück eine Art Herz-Resilienz aufbaut.

Es wird immer weniger, denn je offener euer Herz ist, desto schneller fließt es durch. Es sind die Angst und der Schutz eures Herzens, der es euch immer wieder erleben lässt. Es ist viel besser durchzuatmen.

Euer Atem ist der wirksamste Schutz, den ihr habt. Egal an welcher Stelle in eurem Körper euch dieser Schmerz trifft, ihr werdet es unterschiedlich bemerken. Nehmt euren Schmerz an, atmet ihn durch euer Herz hindurch und lasst die Energie anschließend nach außen treten.

Ein Beispiel: Angenommen, der Schmerz sitzt im Bauch, dann zieht diesen Schmerz in euer Herz. Bewegt den Schmerz anschließend durch euer Herz und atmet ihn aus eurem Herzen aus. Probiert es aus und erlebt, wie kraftvoll ihr seid.

Das ist das, was man euch nicht beigebracht hat. Man hat euch eher beigebracht, euer Herz zu schützen. Es wurde euch nicht beigebracht, dass euer Herz einen Katalysatoreffekt hat. Ihr verwechselt das, konserviert die Energie im Herzen und werdet immer härter, statt in euer Herz zu atmen und die überschüssige Energie in aller Wertschätzung an den Absender zurückzusenden.

Wenn Ihr Schmerz über einen Verlust erlebt, atmet den Menschen durch euch durch und in euer Herz, nehmt ihn in euer Herz hinein und schickt ihn dann nach Hause. Damit werdet ihr einerseits den Menschen in eurem Herzen weiterleben lassen, andererseits den Teil, an dem ihr oft zu sehr festhaltet, nach Hause schicken, so lasst ihr ihn frei. So gelangt ihr auch in wirkliche Freiheit. Das Herz als Katalysator erlebt Liebe und Entspannung in schönster Form.

Ihr könnt das auch über eine Atemtechnik erreichen, dennoch könnt ihr euch sicherlich vorstellen, dass eine Erfahrung mit einem anderen Lebewesen eine viel größere ist, als ihr sie je mit euch selbst erleben könnt.

Frage: Kann ich auch alte Erlebnisse oder Menschen auch rückwirkend durch mein Herz als Katalysator durchatmen?

Ja, das kannst du, du kannst jedes vergangene Ereignis durch dein Herz durchatmen und damit befreien, damit loslassen. Ein tiefes

Hineinziehen und noch einmal Revue passieren lassen heißt nicht, in jede Sequenz hineinzugehen, sondern ein kurzes Revue passieren lassen und anschließend die Energie freizulassen bedeutet, dass du wirklich davon befreit bist.

Manchmal musst du dies ein paar Mal wiederholen. Du wirst es spüren, wenn du die Erleichterung im Herzen fühlst, was dann gleichlautend mit dem Gefühl einhergeht, dass du diesen Menschen, diese Situation, dieses Lebewesen losgelassen hast. Manchmal, wie gesagt, benötigst du mehrere Sequenzen.

Bleibe dran und es wird sich dir zeigen. Wie gesagt, du wirst es erleben und fühlen. Es ist eine Art Erleichterung, ein sich Ausdehnen deines Herzens, das sich dann bemerkbar macht. Du wirst das in dem Moment erleben, wenn dich jemand scheinbar angreift - nicht körperlich, sondern verbal. Dieses Gefühl, indem du immer mehr bemerkst, dass du die Wahl hast, zwischen sofort in den Angriff, die Verteidigung oder Erstarrung zu gehen oder diesen Menschen diese Situation durch dich durchzuatmen, übe es und du wirst es erleben.

Frage: Gibt es aus eurer Sicht spezielle Atemtechniken für das Herz?

Es gibt keine speziellen Atemtechniken. Es reicht aus, in dein Herz hineinzuatmen und die Energie, wie wir bereits beschrieben haben, in dein Herz hineinzuziehen. Das sind Atemübungen, die ihr alle kennt. Ihr zieht euren Atem entweder direkt in euer Herz oder von unten in euer Herz hinein und atmet dann über euer Herz wieder aus. Das sind einfache, ganz natürliche Atemtechniken. Die Atemtechniken, die trainiert werden, sind allesamt die gleichen und dienen demselben Ziel, selbst wenn sie es nicht so direkt mitteilen.

Es ist eine Art Freiwerden, das ihr spürt und fühlt, indem ihr in euer Herz atmet. Ihr könnt euch auch tanzenderweise in Ekstase atmen, es ist völlig egal. Ihr erfahrt es in dem Moment, indem ihr euer Herz wirklich fühlt und anfangt, manchmal ganz einfach aus- und durchzuatmen. Dann seid ihr automatisch schon in eurem Herzen. Deshalb forcieren wir keine spezielle Atemtechnik, sondern geben euch lediglich den Hinweis, dass ihr das mit allen möglichen Atemtechniken erreicht. Manchmal bedarf es gar keiner Technik, ihr erreicht es durch einen ganz einfachen Seufzer.

Ihr werdet bemerken, dass, wenn ihr in eurer Angst seid, ihr aufhört zu atmen, aufhört, in euer Herz zu atmen. Es ist dieser flache Atem, der verhindert, bestimmte Ereignisse durch euer Herz zu bewegen. Wir laden euch ein, bewusst in euer Herz hineinzuatmen.

Erinnert euch an irgendeine Metapher, um im richtigen Moment in euer Herz hineinzuatmen, indem ihr über euren Bauch einatmet und über euren Brustkorb ausatmet.

Es gibt auch Atemtechniken, bei denen ihr durch euern Bauch wieder ausatmet. Dennoch zieht ihr den Atem hoch in euren Brustkorb, dies ist erwünscht.

Menschen, die singen oder Sport treiben, praktizieren diese Atmung. Sie kennen diese Art von Atmung, die sie in einen Flow bringt, sodass Höchstleistungen möglich sind.

Wenn zum Beispiel ein Arzt operiert, ist es wichtig, dass er entspannt atmet. Und wenn ein Mensch singt, ist es wichtig, dass er seine Atmung beherrscht, sodass er in höhere, ekstatische Zustände gelangt, damit sein Ton euch erreicht, unabhängig von seiner Perfektion.

Dabei wird noch einmal deutlich, dass Musik euch zutiefst berührt. Dass ihr durch Musik Liebe erfahren könnt. Wir könnten noch viele andere Beispiele aufzählen, du fragtest jedoch nach einer bestimmten Atemtechnik.

Frage: Was ist, wenn ich während der Herzatmung nichts fühle? Ist es ein Zeichen dafür, dass ich meine Gefühle abgestellt habe?

Das ist ein Zeichen, dass du, wie du selbst schon erkennst, viele Herzmauern hast. Du weißt jetzt, wie du das rückabwickeln kannst. Du hast in deinem Leben aufgrund deiner spezifischen Erfahrungen dein Herz verschlossen. Du hast gemauert, du hast gepanzert. Du erlebst jetzt in deinem Leben aktuell an diesem Punkt, dass dir dieses Gefühl fehlt. Es ist die Rückerinnerung an diese Liebe, von der wir sprachen. Das sehnsüchtige Gefühl, deinen Forschungsauftrag und deine Bestimmung zu erfüllen.

Diese Sehnsucht treibt dich an, macht dich wütend, macht dich rastlos. Du bist sehnsüchtig nach dieser Erfahrung. Du hast für genügend Erfahrung insbesondere über Schmerz gesorgt.

Werde immer mutiger und öffne dein Herz, indem du in dein Herz atmest, wenn du dich zurückziehen und schützen möchtest. Gib diesen Erfahrungen Raum, atme dich frei und erfahre, wie Stück für Stück deine Schutzwälle brechen.

Komme ins Gefühl, in diese Liebesmagie zurück und lasse zu, dass du zunächst wieder den Boden unter den Füßen verlierst, indem die Gefühle dich manchmal überfluten. Lasse es in dem Wissen zu, dass es vorbeigeht und dass es zu deiner Resilienz beiträgt. Du wirst mehr und mehr in deine Freude kommen und anfangen, dein Leben viel mehr zu genießen.

Atme jede schmerzhafte Erfahrung, auch wenn sie noch so klein erscheint, durch dein Herz und probiere dich aus. Dies wird dir helfen, dieses Gefühl immer mehr zu fühlen.

Du bist ein sehr gutes Beispiel, das zeigt, was es bedeutet, sich über allen Maßen zu schützen und darüber seine Bestimmung zu verlieren. Wir machen dir und allen Wesen, denen es ähnlich geht, jedoch

Mut. Indem ihr euch Stück für Stück wieder erlaubt, euren Schmerz zu fühlen und wenn ihr ihn durch euer Herz bewegt, zu merken, dass er nicht so schwer zu ertragen ist, wie ihr ihn zuvor über den Schutz erfahren habt. Denn wenn ihr euren Schmerz durch euer Herz schickt, ist es ein Leichteres, mit ihm umzugehen. Die Atmung erleichtert euch den Schmerz. Dies trägt dazu bei, dass ihr dem Leben mit all seinen Konsequenzen wieder offener begegnet. Das ist das, was Lebendigkeit ausmacht.

Auch in der Ektase des Verliebtseins, das wollen wir noch einmal betonen, könnt ihr dies erfahren. Des Weiteren berühren euch Geburts- und Sterbeprozesse tief im Herzen, ob ihr nun Neuankömmlingen (Babys) begegnet oder Sterbende begleitet.

Nutzt jede Gelegenheit, werdet in dem Moment Jäger der Liebe und des Herzens. Nehmt jede noch so kleine Möglichkeit wahr, die sich euch bietet, sodass ihr wieder in euer Herz kommt und anfangt, Stück für Stück die Liebe zu erfahren. Lasst euch berühren! Wir wissen, dass euer ureigenster Antrieb die Liebe ist. Wir wissen, dass jeder Einzelne von euch dazu in der Lage ist, selbst wenn er sein Herz mit den dicksten Mauern geschützt hat. Es ist möglich, dass sich in einem Moment eures Lebens die nötige Sprengkraft dazu bietet, all diese Mauern einzureißen. Nutzt jede dieser Gelegenheiten und verurteilt sie nicht, sie sind aus dem Grund in eurem Leben um den höchsten Akt von Liebe zu erfahren.

Wann immer ihr seufzt, wann immer ihr euch entspannt, wann immer ihr euch im Herzen berührt fühlt, gebt dem Raum und lasst es größer werden. Selbst wenn ihr wütend seid, gebt dem Raum, lasst es größer werden und atmet es hinaus. Fühlt dadurch in jeder Facette eure Liebe, eure Existenz, eure Lebendigkeit.

Wir haben euch jetzt viele, viele Möglichkeiten vorgestellt und ihr seht: Das Leben selbst bietet alle Möglichkeiten, in euer Herz zu fühlen, um das, wozu ihr hier seid, zu leben. Das Leben selbst for-

dert euch einmal mehr auf, in euer tiefstes und höchstes Gefühl von Liebe zu gehen bis zum letzten Atemzug.
Ihr seid nicht allein!

4. Schlüssel – Prüfung

Geliebte Wesen,
im vierten Schlüssel geht es um das Thema *Prüfung*.
Die Menschheit steht momentan vor einer ihrer größten Prüfungen. Es ist eine Art Meisterstück für viele unter euch und viele sind zu dieser Zeit ganz bewusst inkarniert.
Ihr habt gefeiert, zu dieser Zeit hierher kommen zu dürfen. Ihr wolltet diesen Sprung unbedingt miterleben. Ihr habt euch regelrecht gedrängelt. Ihr wolltet es miterleben, *weil es eine historisch einmalige Chance für euch bedeutet, diesen Aufwachprozess im menschlichen Dasein mitzuerleben und diese Erfahrung stellvertretend für alle nicht inkarnierten Wesen zu machen.*
Es ist also eine große Ehre, zu dieser Zeit auf diesem Planeten sein zu dürfen, und wir sehen mit Liebe und Verständnis auf euch und verstehen, dass ihr aus eurer menschlich kleinen Perspektive heraus Angst habt zu scheitern und diesen Sprung nicht zu schaffen. Wenn ihr euch jedoch auf eine höhere Bewusstseinsebene einschwingt, werdet ihr sehr wohl erfahren, dass ihr es schaffen könnt, und ihr werdet auch viel mehr Beistand fühlen.
Es geschieht immer in einem Augenblick, in dem große Veränderungen eintreten. Es ist dieser eine Moment, diese eine Verbindung, dieser eine Lichtblitz, dieser eine Funke, in dem ihr euch verändert oder Großes bewirkt. Es ist gewollt und wichtig für euch zu erkennen, dass ihr in erster Linie eine menschliche Erfahrung macht, das ist wichtig und richtig.

Der lange Weg zur Prüfung

Stellt es euch so vor: Ihr sitzt in einer Schulklasse. Ihr werdet an die Tafel gebeten und müsst eine Aufgabe lösen. Und obwohl ihr an sich alles wisst, seid ihr euch bei der Lösung dieser Aufgabe noch unsicher. Es ist ein anderes Gefühl, an die Tafel zu treten und vor allen diese Aufgabe zu lösen. Das ist eure Unsicherheit und Angst in puncto Prüfung. Genauso kommt ihr euch zum gegenwärtigen Zeitpunkt vor. Ihr werdet es immer und immer wieder erleben und dies empfindet ihr als Prüfung. Ihr werdet von uns und anderen Wesen unterrichtet. Ihr erhaltet Verbindung zu eurem Ursprung, zu eurer wahren Herkunft. Ihr erhaltet immer wieder Sequenzen an Wissen durch uns und andere Wesen. Und dann kommt der Zeitpunkt in eurem Leben, da ihr aufgerufen werdet, wenn ihr im übertragenen Sinne an die Tafel gebeten werdet und nicht nur vor euch selbst, sondern auch vor anderen und uns in einer gewissen Weise zeigen dürft, ob ihr die Aufgabe, die Lektion verstanden habt und sie lösen könnt.

Diese Sequenzen sind es, in denen ihr das größere Ganze seht. In denen ihr erwacht, im Einklang mit euch selbst seid, wenn ihr eine Hürde genommen und eine Prüfung erfolgreich bestanden habt.

Das Schwierigste daran für euch ist nicht die Aufgabe selbst, sondern eure Ungewissheit darüber, ob ihr die Prüfung besteht, ob ihr die Aufgabe lösen könnt.

Auf dem Weg zur Prüfung passiert allerlei in eurem Leben. Ihr hadert, wollt zurück, ihr wollt nicht aufgerufen werden, ihr wollt, dass andere diese Aufgabe gestellt bekommen. Ihr habt sehr große Angst, hervorzutreten und zu zeigen, dass ihr könnt, was ihr gelernt und an Wissen übertragen sowie erfahren habt. Und an diesem Punkt steht ihr momentan mit eurer gesamten Menschheit. Immer mehr unter euch werden geprüft und dürfen zeigen, was sie bereits gelernt haben.

Manchmal kommt euch der Weg dorthin wie ein Sumpf vor, sodass ihr, wenn eure Prüfung naht, das Gefühl habt, ihr kommt scheinbar gar nicht von der Stelle. Ihr bleibt dann wie angewurzelt auf eurem Platz sitzen. Ihr duckt euch weg und tut so, als ob ihr gar nicht anwesend wärt. Ihr versucht, durch die Hintertür zu entkommen. Fest steht jedoch: Irgendwann werdet ihr alle zur Prüfung gebeten.

Wir betonen noch einmal, es ist allein die Angst vor dieser Prüfung, nicht die Prüfung selbst, die euch abhält, die euch Angst macht. Und so sitzt ihr auf euren Plätzen und wartet, ihr freut euch, dass der Kelch wieder an euch vorübergegangen ist, dass es eher andere getroffen hat und nicht euch und denkt, es wäre furchtbar, diese Prüfung abzulegen.

Wenn eine Prüfung ansteht, dann geht mutig drauf zu, habt keine Angst! In dem Wissen, dass ihr jede erdenkliche Prüfung meistern könnt, wenn ihr losgeht, wenn ihr euch mutig dieser Aufgabe stellt. Es ist an der Zeit, dass ihr aufsteht, dass ihr losgeht, dass ihr euch traut, dass ihr mutig seid. Wir wissen und wollen euch damit Mut machen, dass ihr es schaffen könnt, egal, an welchem Platz ihr euch befindet.

Ihr spürt die Unausweichlichkeit in eurem Herzen und mit jeder Faser eures Seins. Ihr spürt, dass es jetzt getan werden muss und dass dies auch unausweichlich für eure Entwicklung ist. Selbst wenn ihr euch wegducken wollt, geht drauf zu. Das empfehlen wir euch.

Nehmt eure Angst wahr, geht durch sie hindurch und macht euch keine Sorgen, ob ihr sie lösen könnt oder nicht. Fokussiert euch auf die Lösung in festem Wissen und Gewissen, dass ihr jede erdenkliche Prüfung meistern könnt.

Wir sagen euch: Wenn ihr einmal erlebt habt, wie es ist, nach vorne zu treten und die Aufgabe erfolgreich zu lösen, und erfahrt, wie frei sich dieser Zustand anfühlt, werdet ihr euch nie wieder wegducken

oder durch die Hintertür verschwinden. Ihr werdet euch nie wieder unsichtbar machen. Ihr werdet dann niemals wieder diese große Angst verspüren, weil ihr dann tief im Inneren wisst, dass ihr die Prüfung bestehen könnt.
Ihr könnt davon ausgehen, dass ihr nur dann zur Prüfung gebeten werdet, wenn wir uns sehr sicher sind, dass ihr diese Prüfung lösen könnt. Wir sagen euch: Ihr könnt nicht versagen!
Egal wie das Ergebnis lautet, wenn ihr antretet, wird das Ergebnis immer richtig sein, es gibt kein Versagen. Dies ist für uns elementar wichtig zu betonen, um euch eure Angst zu nehmen. Es ist ein Gefühl von absoluter Freiheit, das euch die Möglichkeit gibt zu erfahren, dass Prüfungen wichtig und richtig sind und ihr sie bestehen könnt. Lediglich das Wegducken, das nicht geprüft werden wollen, das Unsichtbarmachen hält euch im alten Matrix-Spiel gefangen.
Es gab sehr wohl schon solch einen Zeitpunkt auf eurem Planeten, an dem dieser Bewusstseinssprung unternommen wurde. Aufgrund unethischer Verhaltensweisen wurde jedoch alles zurückgestellt und ihr seid in einer Inkarnationsschleife, einem Jahrtausende alten Weg mangelnden Bewusstseins gefangen gewesen. Ihr habt einen langen, eher dunklen Zyklus auf diesem Planeten erlebt und jetzt ist es wieder an der Zeit, dass ihr einen erneuten Bewusstseinssprung wagt, in der Form, dass ihr euer höchstes Bewusstsein mit eurem menschlichen Körper verbinden und verschmelzen wollt. Ihr (rück)verbindet euch sozusagen mit eurem höchsten Bewusstsein und all euren spirituellen Fähigkeiten einerseits und nutzt alle materiellen Möglichkeiten eurer irdischen Präsenz andererseits. Dies ist ein historisch in dieser Form trotz allem einmaliges Ereignis und ihr könnt davon ausgehen, dass euch viele nicht irdische Wesen durch diesen Prozess begleiten und auch immer wieder Hilfe und Hoffnung geben. – Natürlich nur, wenn ihr sie darum bittet, denn euer freier Wille wird akzeptiert. Ihr werdet gesehen und seid nicht allein!

Es sind immer wieder Impulse, die ihr fühlt. Immer wieder kleine und große Impulse. Wenn wir und ihr nicht überzeugt wären, dass ihr all dies schaffen könnt, dann wärt ihr nicht zu diesem Zeitpunkt als Stellvertreter eurer nicht irdischen Rasse auf diesem Planeten inkarniert. Es ist die Dimension eines sehr, sehr ausgeweiteten Bewusstseins, eine Art Rückerinnerung an die Zukunft. Es finden andere Verschaltungen in euch statt als bisher, weil andere Bedingungen auf diesem Planeten vorherrschten und bestimmte andere Prozesse erst zum Abschluss gebracht werden mussten, bevor dieser Sprung jetzt möglich wurde.

Wir wissen ja, dass ihr Angst vor dieser Prüfung habt, dennoch gibt es eine größere Instanz in euch, die dies entschieden hat, lange bevor ihr hierhergekommen seid. Also traut euch ein wenig mehr zu als bisher. Reduziert euch nicht auf diesen Körper allein, sondern geht in eine höhere geistige Dimension und arbeitet immer und immer wieder mit Licht. Stellt euch ins Licht hinein, geht über euer Herz nach oben, immer und immer wieder. Und ja, wir wissen und beobachten, wie schwer euch das zum Teil fällt. Wir haben nicht gesagt, dass eure derzeitige Prüfung keine Herausforderung darstellt. Aber wir betonen an dieser Stelle noch einmal: Ihr könnt und werdet die Prüfung meistern oder ihr bleibt für immer in diesem Inkarnationsspiel gefangen.

Es ist wie eine Art Dimensionswechsel, ein Zeitsprung, ein Quantensprung innerhalb eurer Zeit. Es ist wie eine Art *Schwarzes Loch* aus eurer Sichtweise. Da ihr das noch niemals auf diesem Planeten vorgenommen habt, verstehen wir auch die aus eurem Körpergefüge heraus bestehende Angst. Deshalb noch einmal: Lasst euch rufen, tretet nach vorn und ihr werdet diese Prüfung meistern!

Ihr wisst es noch nicht, weil euch eure spezifische Aufgabe noch nicht bekannt ist, aber geht davon aus, dass ihr diese Aufgabe lösen und meistern werdet.

Nun werdet ihr nicht alle zur gleichen Zeit eure Prüfung ablegen. Es passiert in Gruppen, die diesen Dimensionswechsel zeitgleich vornehmen. All das in den bisherigen Kapiteln Beschriebene ist eure Vorarbeit, die ihr leistet, bevor ihr zur Prüfung antreten dürft beziehungsweise gerufen werdet. Deshalb kommt im vierten Schlüssel auch das Thema *Prüfung* vor, da die bisherigen Schlüssel die Vorbereitung auf diese Prüfung waren.

Es gibt viele unter euch, die das alte Inkarnationsspiel auf eurem Planeten so genießen, dass sie dieses vermeintlich *bequeme* Spiel gern weiterspielen möchten, das Ungewisse nicht betreten wollen, nicht geprüft werden wollen. Das akzeptieren wir. Das ist auch richtig und wichtig, denn nicht alle können zur gleichen Zeit zu ihrer Prüfung antreten und diese dann auch meistern.

Der richtige Zeitpunkt der Prüfung

Deshalb schließt ihr euch immer und immer wieder in Gruppen zusammen. Geht davon aus, dass ihr immer dort richtig seid, wo ihr gerade steht. Dennoch werdet ihr in dieses Gruppengeschehen nicht eingreifen können, weil es nicht eure Aufgabe ist. Wesen, die erkennen, dass sie zu eurer Gruppe gehören, kommen von ganz allein auf euch zu. Ihr zieht euch magnetisch an, andere wiederum werden von anderen angezogen. Es ist deshalb nicht notwendig zu intervenieren oder zu pushen, weil dies organisch von ganz allein passieren wird. Es gibt in jedem menschlichen Lebewesen den richtigen Zeitpunkt dafür.

Wenn ihr euren inneren Ruf hört, der wohlgemerkt immer massiver wird, dann empfehlen wir euch, ihm zu folgen, auch in voller Ungewissheit und dem Nichtwissen, wohin die Reise geht, was das

Ziel oder das Endergebnis eurer Reise ist. Vertraut dem Prozess, denn ihr habt es euch vorgenommen, lange bevor ihr hierherkamt. Ihr bringt alle ein umfangreiches Vorwissen mit.

Diejenigen unter euch, die heute diesen Sprung noch einmal wagen, waren bereits an diesem Bewusstseinssprung vor Tausenden von Jahren beteiligt. In euch ist eine implantierte Kenntnis über den Bewusstseinssprung vorhanden. Ihr wisst ganz genau, warum ihr einst gescheitert seid. Dies ist euch bekannt. Diesmal wollt ihr es scheinbar besser machen und vollenden. Dafür seid ihr da, ihr habt euch vorgenommen, diesen Quantensprung zu *Terra 2* zu schaffen. Dies könnt ihr menschlichen Wesen nur durch euer Herz.

Neben all den anderen Zutaten ist die wichtigste Zutat euer Herz. Das ist der zentrale Punkt, dort ist euer Leuchten, eure Flamme, euer Lichtpunkt. Das ist der Ort, wo ihr Anbindung erfahrt. Das ist das Zentrum, durch das ihr eurem inneren Ruf Folge leisten werdet, egal wie, wo ihr nicht hadert, sondern einfach geht, weil ihr nicht mehr anders könnt.

Wenn ihr euren Ruf hört, auch wenn ihr nicht wisst, wohin die Reise geht und dennoch folgt, dann seid ihr in die Gruppe, die zur Prüfung beziehungsweise zum Sprung antritt, aufgenommen. Dann seid ihr bereits auf dem Weg und könnt sicher sein, dass ihr nicht nur zur Prüfung antretet, sondern diese Prüfung auch meistern werdet.

Egal wie unsicher und uneben dieser Weg für euch aus eurer Perspektive zu sein scheint, im größeren Gefüge ist dieser Weg sehr klar, sehr deutlich zu sehen. Es ist für uns, das sagten wir schon oft, als ob auf eurem Planeten ein Licht mehr angezündet wird. Wir sehen hellere Lichter unter euch. Wir sehen auch diese Gruppenbewegungen. Wir sehen auch diesen Magnetismus der Anziehung bestimmter Gruppen, die sich das Meistern der Prüfung zu bestimmten Zeitpunkten vorgenommen haben.

Und ja: Wenn dieser Ruf in euch unausweichlich ist, seid ihr bereits zu einer Gruppe berufen. Hört auf zu hadern, ob ihr es schafft oder nicht, sondern vertraut dem Prozess. Gebt euch in den Sog hinein und geht einfach weiter, egal was um euch herum passiert, im festen Wissen, dass ihr die Prüfung meistert.

Frage: Was ist mit der Prüfung genau gemeint? Reicht schon die Bereitschaft, den Sprung zu wagen, diese drei Schlüssel zu erarbeiten, um zur Prüfung gerufen zu werden?

Du willst jetzt mit deinem menschlichen Verstand in dieses Schienenprogramm, das längst für dich gesorgt hat, eingreifen. Diese Dimension kannst du mit deinem Verstand nicht erfassen. Das wollen wir vorausschicken. Und ja, wir wissen, dass dies bei dir auch der Fall ist. Wenn du ein Gefühl von einem inneren Ruf nach Wissen, nach Bewusstsein, nach Bildung, nach Erwachen, nach Weiterentwicklung hast, bist du bereits im Schienenprogramm drin.
Das größte Hindernis in euerem Prüfungsprozess ist wie immer euer Verstand, da ihr den Dimensionswechsel, wir betonen das sehr deutlich, nicht mit eurem Verstand erfassen könnt. Ihr würdet ihn so gerne erfassen und das ist in Wahrheit das größte Hindernis. Euer Verstand bringt euch in die Unsicherheit und drückt sich vor der Prüfung. Er geht durch die Hintertür hinaus, weil es eurem kleinen Verstand, der nicht diese große Dimension erfassen kann, unglaublich viel Angst macht. Er muss auf all seine Sicherheiten, in denen er sich recht häuslich eingerichtet hat, verzichten. Denn diese Sicherheit verschwimmt momentan. Es ist mit einem Hurrikan zu vergleichen. Er kommt plötzlich unangekündigt oder für eure Verhältnisse unheimlich daher und ihr erkennt das Ausmaß erst,

wenn der Sturm vorüber ist. So könnt ihr euch vorstellen, wie dieser Dimensionswechsel vonstattengeht und wie eure Prüfungen erfolgen. Ihr könnt sie nicht in Gänze erfassen, ihr wisst lediglich, was ihr tun müsst. Vergesst dabei nicht: Ihr befindet euch in einem Schienenprogramm.

Die größere Dimension dieser Prüfung könnt ihr erst sehen, erleben, fühlen, wenn sie vorüber ist. Dieser Paradigmenwechsel ist ein Ausdehnen in eine höhere Dimension. Es ist alte Software eurer erworbenen Persönlichkeit, die Stück für Stück deinstalliert werden muss.

Sobald ihr bereit seid für all diese neuen Wege, ist es von unserer Warte aus so, als ob ihr ständig blinkt. So erkennen wir, dass ihr bereit seid. Es ist dieser innere Ruf, der uns mitteilt, dass ihr bereit seid, selbst wenn ihr es noch gar nicht wisst beziehungsweise es euch noch nicht bewusst ist und es euer Verstand noch gar nicht begreifen kann. Es ist eine wesentlich höhere Dimension als die, die ihr mit dem Verstand erfassen könnt. Das Signal, das ihr aussendet, beantworten wir, indem wir euch Impulse geben, durch die wir euch Stück für Stück in eurem Erwachensprozess begleiten.

Am Ende steht eine Abschlussprüfung an: das Zeigen, dass ihr es könnt. Wir haben es so beschrieben, dass ihr es in irgendeiner Form erfassen könnt. Aus unserer Sicht verläuft solch ein Paradigmenwechsel etwas anders. Es geschieht für uns alles in einem Moment, doch das würde jetzt euren Verstand überfordern.

Es ist eine Prüfung mit vielen kleinen Aufgaben. Das Beste, was ihr tun könnt ist, dem Prozess zu vertrauen und einfach weiterzugehen, weiterzumachen, egal wie viel Angst ihr habt. Egal, wie unsicher ihr euch fühlt, egal wie viele Herausforderungen euren Weg gabeln, das ist völlig irrelevant. Wichtig ist nur, dass ihr weitergeht, dass ihr vorangeht, dass ihr euch nicht wegduckt, dass ihr nicht flüchten wollt, sondern weitergeht und diesem Prozess vertraut.

Vertrauen ist sehr elementar. Zu akzeptieren, dass, wenn ihr euch mit diesen Themen befasst, ihr schon längst auf diesem Weg seid. Das Vertrauen zu haben, dass euch der Weg trägt. Nutzt eure größte Kraft, die Liebe, und geht weiter in dem Wissen, dass ihr die Prüfung meistern könnt.

Wir wissen, dass es für euren Verstand etwas abstrakt klingen mag, selbst mit unseren Erläuterungen. Dennoch, was wir euch gerne immer wieder mitteilen und sagen wollen: Geht einfach weiter. Lasst zu, dass ihr Ängste habt, lasst zu, dass ihr euch unsicher fühlt. Das ist nicht so schlimm, weil euer Verstand ja nun mal mit in euer Leben implementiert ist. Dennoch gebt nicht eurem Verstand nach, sondern geht trotz alledem einfach weiter bis ans Ziel, bis die Prüfung bestanden ist. Und noch einmal: Ihr werdet erst im Nachgang spüren, dass ihr sie bestanden habt. Noch einmal: Ihr könnt sie alle meistern.

Die menschlichen Wesen unter euch, die noch nicht auf dem Weg sind, die sich die Meisterschaft für später vorgenommen haben, beschäftigen sich gerade noch mit ganz irdisch materiellen Dingen und nicht mit der größeren Dimension. Auch das ist nicht wichtig. Sie treten zu einem späteren Zeitpunkt zu ihrer Prüfung an.

Wichtig ist, dass ihr, die ihr die Prüfung meistern wollt, anfangt und euch durch nichts aufhalten lasst. Egal ob euer Verstand Angst hat oder nicht, geht einfach weiter. Das legen wir euch ans Herz. Und ja, ihr erhaltet Hilfe in Form von anderen irdischen und nicht irdischen Wesen. Ihr erhaltet so viele Zeichen und Impulse auf eurem Weg. Folgt den Zeichen und Impulsen und geht Stück für Stück weiter.

Ihr könnt nicht in einem Moment auf eurem Planeten den ganzen Dimensionswechsel vollziehen, wobei er im Endpunkt einen Moment für euch darstellt. All das, was ihr jetzt tut, beziehungsweise im Verlaufe eures Lebens bisher getan habt, war Vorarbeit für diesen einen Moment des Dimensionswechsels. Ihr seid allesamt so weit gekommen, geht jetzt auch noch das letzte Stück und noch einmal: Wir kommen euch entgegen.

Es gibt einen Moment in euch, dann werdet ihr euch im Flow empfinden. Ihr werdet eine Art nie da gewesene Erkenntnis und eine nie da gewesene Dimension von Licht erleben, die all das sprengt, was ihr bis jetzt wahrgenommen habt. Und ihr werdet im Nachgang sagen, es hat sich für euer Endergebnis gelohnt, all die Unsicherheit, all das Hadern, all das nicht wissen, wohin die Reise geht, all die Angst, all das Zögern, all die Wut, all die Traurigkeit, all das, was ihr erlebt habt. Im Nachgang werdet ihr sagen: *Es hat sich für diesen Bewusstseinssprung, für diesen Dimensionswechsel, für diesen Quantensprung gelohnt!*

Und dies alles wusstet ihr und nahmt es in Kauf, als ihr euch für diese Inkarnation entschieden habt. Ihr wusstet, dass es eintreten wird, und ihr habt, weil ihr wusstet, dass es nicht ohne Hilfe geht, bewusst gewählt, wer euch bei der Meisterung eurer Abschlussprüfung behilflich sein wird. Ihr habt eure Helfer und Helfershelfer sehr weise ausgewählt.

Wir, die geistige Welt, helfen euch mit all unseren Mitteln und Möglichkeiten. Bittet uns um Hilfe, da wir euren freien Willen akzeptieren und uns nicht ungefragt einmischen.

Geht weiter, unabhängig davon, was ihr momentan erlebt, womit ihr hadert, wonach ihr euch sehnt. Wir wissen, dass sich viele unter euch nach Frieden sehnen. Viele unter euch sind müde vom kämpfen, sehnen sich nach Frieden und essenzieller Freiheit. Ihr fühlt euch beschnitten, ihr fühlt euch zum Teil sehr abgeschnitten von euren anderen Gruppenmitgliedern. Dies ist ein notwendiger Teil des Prozesses. Wir kommen wieder auf das Bild der Prüfung zurück: Wenn ihr zur Prüfung antretet, fühlt ihr euch trotzdem, ihr alle, die ihr in einer Gruppe gleichzeitig antretet, so, als ob ihr ganz allein zur Prüfung angetreten wärt. Ihr fühlt euch erst einmal abgeschnitten von eurer Gruppe. Dennoch sind neben euch, auch wenn ihr sie nicht seht, fühlt oder hören könnt, Millionen, die zur gleichen Zeit zur Prüfung antreten. In euren speziellen Gruppen treten zeitgleich 2000 bis 3000 Mitprüflinge weltweit zur Prüfung an. Ihr seid im Moment der Prüfung nicht allein, denn ihr löst genau die gleiche Aufgabe zur gleichen Zeit, nur in unterschiedlichen Räumen. Das wollen wir euch noch mitgeben.

Es ist eine so einmalige Zeit auf eurem Planeten und ihr dürft euch glücklich schätzen, dass ihr diese Zeit miterleben dürft.

Vergleicht es mit eurer Abschlussprüfung. Alle, die zur selbigen Zeit eine *Abschlussprüfung* absolvieren, erfahren die gleiche Herausforderung und trifft die gleiche Angst. Und dennoch ist es nicht so wie im alten Matrix-Spiel, dass einige durchfallen, sondern eure energetische Verbindung, die durch die Energie jedes Einzelnen verstärkt wird, lässt euch alle die Prüfung meistern.

Wenn ihr alle diese Angst vor irdischen Prüfungen nicht hättet, wenn ihr wüsstet, dass eure Angst Teil des alten Spiels eures Verstandes ist, dann würden auch weniger im irdischen Leben durch Prüfungen fallen, weil ihr wüsstet, wenn ihr zur Prüfung antretet, seid ihr bereit. Es ist allein euer Verstand, der euch sabotiert, euch einreden möchte, ihr könnt es nicht, weil er sich gern wegduckt, weil er gern verschwindet, weil es für ihn zu unsicher ist, weil er gerne im Alten verharren möchte. Und du fragst zu Recht nach diesem Thema, weil genau du dieses Thema sehr, sehr gut kennst, das Thema *Prüfung* und die Angst vor der Prüfung und die Angst, durch die Prüfung zu fallen, geliebtes Wesen.

Frage: Wenn ich zur Prüfung gerufen werde und ich mache den Sprung, bin ich in meiner Realität weg, aber das bin ich doch gar nicht. Wo sind denn dann die anderen? Leben wir dann in einer irdischen Welt, nur auf verschiedenen Ebenen? Oder sterben die anderen? Oder sterbe ich?

Das, was du gerade beschreibst, ist wieder dein Verstandesdilemma. Es ist für euren Verstand nicht nachvollziehbar und wird es auch niemals sein. Deshalb können wir es euch auch nicht auf Verstandesebene erklären, weil dieser Dimensionswechsel alle Teile eures Lebens umfasst. Es kommt euch so vor, als ob ihr noch in der alten Welt seid, wie ihr sie kennt, und auf der anderen Seite hat sich die Welt von innen nach außen in euch völlig verändert. Und da viele gleichzeitig den Sprung absolvieren, nicht nur die zwei- bis dreitausend mit euch, sondern auf der ganzen Welt Gruppen von zwei- bis dreitausend Menschen, werdet ihr alle, die ihr Stück für Stück erwacht, eine völlig gewandelte Erde vorfinden. Erst wenn ihr diesen Schritt vollzogen habt, werdet ihr es erkennen, fühlen, erfahren und erleben.

Es wäre ein zu abstraktes Erklärungsmodell, bei dem euer Verstand wieder versuchen würde, etwas Künstliches zu konstruieren. Das würde die Prüfung für euch noch viel schwerer machen, weil ihr dann wieder Angst haben würdet, nicht mitzukommen, zu versagen, durchzufallen und den Dimensionswechsel nicht zu erleben. Diese Dimension ist eine andere als die, die eurem Verstand zugänglich ist.

Ihr kommt aus einer anderen Dimension und ihr habt es zigfach schon auf anderen Planeten erlebt. Ihr kennt das. Es ist für euch von dieser Warte aus fast spielend, nur von eurer Verstandeswarte aus nicht nachvollziehbar. Dort zittert, dort hadert ihr, dass ihr nicht mitkommt, nicht mitgenommen werdet, dass ihr dortbleiben müsst, dass ihr es nicht schafft. Wir sagen euch noch einmal: Ihr schafft es. Jeder Einzelne von euch, der sich auf den Weg gemacht hat. Und ihr werdet dann, so könnte man es am ehesten beschreiben, eine Art Erleuchtung erleben, die euch zu einem komplett anderen menschlichen Wesen macht, die euch euer ganzes Dasein eröffnen wird, euch ein Leben aus der eigentlichen Größe heraus, aus eurer größeren Dimension heraus leben lässt, die euch Zugang zu all den höheren Dimensionen ermöglichen wird, die euch all diese Möglichkeiten und Fähigkeiten, die ihr bisher nur aus Science-Fiction-Filmen kennt, erfahren lässt. Ihr werdet all dies können.

Da ihr diese Dimension zwar in euch tragt, jedoch euren Dimensionswechsel noch nicht vollzogen habt, ist es für euch zum Teil ganz schwer vorstellbar, dass ihr all eure spirituellen Fähigkeiten wieder in Besitz nehmen werdet. Deshalb wollen wir nicht allzu sehr vorgreifen, um nicht schon wieder eine neue Geschichte für euren Verstand zu eröffnen, die es euch noch schwerer macht, zur Prüfung anzutreten, weil ihr euch noch mehr Verstandeshürden einbaut. Am besten ist wirklich, sich in den Sog zu begeben und zu vertrauen, dass ihr durch den Sog angezogen werdet, euer Herz aufzumachen und einfach weiterzugehen im festen Wissen, dass ihr es schafft.

Insbesondere deine Angst vor Prüfungen wird hier geprüft. Die Angst, diese Prüfung nicht zu bestehen, nicht zu können, nicht antworten zu können, nicht gehen zu können, nicht mitgezogen zu werden, es nicht zu schaffen, ist in dir geliebtes Wesen sehr tief verankert. Es war so vereinbart. Da der Dimensionswechsel immer und immer wieder nicht vollzogen werden konnte, stand er zu eurem jetzigen Zeitpunkt noch einmal auf dem Plan, um zu vollenden, was ihr einst begonnen habt. Die Angst, erneut zu scheitern, wird in dir und anderen Wesen wieder wachgerufen. Es kommt dir und euch wie ein Déjà-vu vor. Dies ist jedoch eine alte Erfahrung und es macht zum jetzigen Zeitpunkt keinen Sinn, nochmals zu versagen. Ihr wollt das alte Matrix-Spiel nicht mehr wiederholen, denn es hat ausgedient. Dein und euer aller Antrieb für diese Inkarnation war es nicht zu scheitern, sondern zu vollenden. Die Angst vor der Prüfung nochmals zu erfahren, war sehr wohl ein Teil, weil du und ihr alle dieses kennt und genau wisst, was ihr jetzt anders machen werdet. Wir wollen nicht sagen besser, sondern anders macht als einst, sodass es euch auch gelingen wird. All dieses Hadern, das ihr jetzt erlebt, gab es schon einmal auf eurem Planeten, wie wir bereits mitteilten. Geht mutig voran, geht weiter und erfahrt: Es gibt kein Scheitern. Lediglich euer menschlicher Verstand bastelt gern dieses Thema mit hinein. Das ist das, was ihr gerade zum jetzigen Zeitpunkt überwinden wollt. Und das ist genau das, was ihr durch diesen Dimensionswechsel erfahren werdet.

Einige Pioniere unter euch tun es bereits. Sie holen sich die Möglichkeiten aus dem Quantenfeld. Und so ist es letztendlich. Es gibt viele Möglichkeiten der Lösung und jede ist in dem Moment richtig. Geht weiter, konzentriert euch darauf, dass euch der Dimensionswechsel gelingen wird, dass ihr alle berufen seid, dies zu schaffen. Geht einfach weiter, statt eurem Verstand immer und immer wieder recht zu geben, euch kleiner zu machen, als ihr in Wahrheit seid, eurer Vergangenheit mehr Bedeutung beizumessen als eurer Gegenwart und euren Möglichkeiten in eurer Zukunft.

Der Vergangenheit mehr Raum zu geben, ist das alte Matrix-Spiel und Muster. Sich hingegen in der Gegenwart aufzuhalten und eine Möglichkeit zu wählen, das ist der Paradigmenwechsel. Und es gibt unendliche Möglichkeiten für jeden von euch. Wenn ihr unsere Sicht hättet, würdet ihr wissen, dass ihr es schaffen werdet.

Wir wollen euch damit Mut machen, dass ihr weitergeht und eurem Verstand nicht immer so große Bedeutung beimesst, sondern immer mehr in euch hineinlächelt und zu ihm sagt: *Es ist jetzt einfach gut.*

Frage: Gibt es ein Zeitfenster, in dem die Prüfung ansteht?

Es hängt, geliebtes Wesen, nicht nur von dir ab, sondern auch von den zwei- bis dreitausend Mitprüflingen. Es hängt von vielen Menschen ab, weil ihr zur gleichen Zeit in verschiedenen Gruppen antretet. Von Herbst 2020 bis Ende 2022 ist diese Möglichkeit gegeben.
Wir sehen es als eher unwahrscheinlich an, dass alle es im Herbst 2020 schaffen, dennoch wird ein gewisser Teil bis Ende 2020 diesen Dimensionswechsel vornehmen, ein weiterer Teil wird 2021 folgen und ein weiterer Teil bis Ende 2022.
Der Anfang ist gemacht, wichtig und richtig. Wann genau du diesen Dimensionswechsel vornimmst, hängt von deinem Verstand ab. Und das Schöne ist, du kannst wählen, zu welchem Zeitpunkt du es zulässt, dich hingibst, deine Bereitschaft zu äußern, dich in den Sog zu begeben. Nicht mehr und nicht weniger. Du kannst dafür nichts im direkten Sinne tun, das wäre wieder aus dem Verstand heraus.
Wie wir bereits sagten, findet es auf anderen Ebenen statt. Es wird dieser Aha-Moment kommen. Und wann immer du bereit dafür bist – und das ist das Wichtigste, bereit zu sein dafür –, wirst du diese Prüfung ablegen.
Frage dich, wenn du früher zu Prüfungen in deinem Leben angetreten bist, warst du wirklich bereit? Warst du wirklich bereit für diese Prüfung? Oder wolltest du am liebsten auf deinem Platz sitzen bleiben? Hast du dich weggeduckt? Hast du eine Hintertür gesucht? Hast du gehadert? Bist du einfach nicht zur Prüfung angetreten, obwohl du scheinbar angetreten bist? Wann immer du das Gefühl hattest zu scheitern, hast du dich vorher nicht klar dafür entschieden, die Prüfung zu meistern. So hast du dich entschieden, im alten Muster zu bleiben, am Alten festzuhalten, sodass du die Prüfung scheinbar nicht bestehst. Wenn du dich hingegen wirklich entschie-

den hast, die Prüfung zu bestehen, wirst du die Erfahrung gemacht haben, sie bestanden zu haben.

Immer dann, wenn du dich nicht wirklich mit ganzem Herzen entschieden hast, wirst du die Erfahrung gemacht haben, die Prüfung nicht oder nur teilweise bestanden zu haben. Es war in jedem Falle immer deine Herzensentscheidung. Deswegen ist euer Herz so elementar bei der Entscheidung. Eine Herzensentscheidung ist ein Ja zum Bestehen einer Prüfung: *Ja, ich kann es. Ich habe das Vermögen. Ich trete an, und ich kann es lösen.* Es ist allein die Entscheidung des Herzens, nicht die Entscheidung des Verstandes.

Die alleinige Entscheidung des Verstandes ist eine halbherzige Entscheidung, da sie die höchste Dimension der Seele nicht in vollem Umfang mitnimmt. Durch das Fehlen dieser erweiterten Dimension kommt es euch so vor, und es passiert dann auch tatsächlich, dass ihr durch die Prüfung fallt. Wenn alles in euch *Ja* sagt, bejaht, dass ihr das alles möchtet, wir betonen *alles*, und das fast in einer radikalen Form, reißt die Brücken hinter euch ein, weil ihr es dann mit ganzem Herzen tut und ihr im Einklang mit Körper, Geist und Seele sowie eurer höchsten Dimension seid. Dann besteht ihr auch die Prüfung. Das ist die Art von Antritt zur Prüfung, die nötig ist, um sie zu meistern.

Noch einmal: Wann immer es dir in der Vergangenheit an deiner Herzensqualität gefehlt hat, erlebtest du Versagen. Die Halbherzigkeit, dieses gespalten sein, dieses nicht im Herzen verbunden zu sein, war dafür verantwortlich.

Die unabdingbare Notwendigkeit zum Meistern der Prüfung ist die Verbindung mit eurem Herzen. Öffnet eure Herzen, gebt euch hin, habt Vertrauen, akzeptiert die Gegebenheiten und es entsteht ein Sog, wo ihr dreiviertel geht und wir euch das letzte Viertel entgegenkommen. Es kann auch ein Drittel sein. Darin sind wir sehr großzügig.

Zusammenfassung

Die Abschlussprüfung zu meistern bedeutet, sich mit ganzem Herzen einer bestimmten Sache zu verschreiben, die Herzensbotschaft zu vernehmen, dem Ruf des Herzens radikal zu folgen, nicht zu hadern, nicht zurückzuschauen, auch Unsicherheiten in Kauf zu nehmen und sich einfach in diesen Sog, in diesen Flow hineinziehen zu lassen, der entsteht, wenn ihr dies tut. Dies bedarf einer oft jahrzehntelangen Vorarbeit. Doch wenn es euch gelingt – wenn es dir gelingt, deinem Herzen zu folgen über jedwede Unsicherheiten hinweg –, werdet ihr zwangsläufig in diesen Sog, in diesen Flow kommen, dies ist unausweichlich und ihr werdet eure Prüfung meistern.

Wir hoffen, euch durch diesen Schlüssel weitere Puzzlesteine mit auf den Weg gegeben zu haben, damit ihr diesen Dimensionswechsel, diesen Quantensprung vollziehen könnt und euch immer sicherer werdet, dass ihr eure Prüfung meistern könnt. Damit erfüllt ihr euren Forschungsauftrag und lebt eure Bestimmung.

Eure Bestimmung zu leben, euren Forschungsauftrag zu erfüllen ist - egal, wie viel Angst ihr habt, egal wie sehr ihr hadert, etwas Unausweichliches in eurem Leben. Das Einzige, was ihr tun könnt, um eurer Bestimmung zu entkommen, ist, freiwillig und aus eigenem Ermessen euer Leben vorzeitig zu beenden. Auch das wäre eine Erfahrung, die ihr in der nächsten Inkarnation wiederholen würdet. Ihr würdet dort ansetzen, wo ihr euch jetzt weggeduckt und aus der Hintertür herausgestohlen habt. Das ist die einzige Möglichkeit, die ihr wählen könnt.

Wir wollen noch einmal sagen, dass wir euch beistehen und ihr uns immer und immer wieder um Hilfe bitten könnt, was ihr aber leider zu wenig in Anspruch nehmt. Euer Verstand denkt, ihr müsstet alles allein machen. Dem ist nicht so.

Bittet uns um Hilfe. Wir helfen euch. Wir sind für euch da.
Wir bewundern euren Mut und schätzen eure Qualität. Auch wir partizipieren von jeder eurer Erfahrungen.
Wir sind bei euch. Ihr seid nicht allein!

5. Schlüssel – Geburtsprozess

Geliebte Wesen,
wir können euch zur derzeitigen Situation Folgendes sagen: Wir sehen euch momentan aktuell in einer Zeit, in der sich zwei Szenarien in *zwei Zeitlinien* abspielen.

Die Zeitqualität – Das aktuelle Szenario zweier Zeitlinien

Das eine Szenario hat eine sehr helle, lichtvolle Qualität, das andere Szenario hat eine sehr dunkle Qualität, in der sich viel Schmerz manifestiert hat.
Wir wollen sie zum besseren Verständnis mit euren Worten als *lichtvollere und dunklere Welt* beziehungsweise als *lichtvolle und dunkle Energiequalität* beschreiben. Alles beschreibt das gleiche Szenario nur mit anderen Worten. Aus unserer Dimension sind beide Seiten in Summe neutral.
Auf der einen Zeitlinie – die lichtvollere Welt – brechen goldene, sehr lichtvolle Zeiten an. Es ist so viel Licht wie selten auf eurem Planeten zu finden. Sehr viel Liebe, Gemeinsamkeit, gemeinsames Wollen und Schönheit, die sich manifestiert hat und die wir sowohl energetisch als auch sichtbar erleben.
Auf der anderen Zeitlinie – die dunklere Welt – nehmen wir eine extrem leidvolle andere Seite wahr. Es ist wie ein Gespaltensein.
Beides gehört jedoch zusammen wie zwei Seiten einer Medaille, denn wo viel Licht ist, ist auch viel Schatten und wollen in Balance kommen.

Es gibt zwei verschiedene Betrachtungsweisen, die auch in dieser Gespaltenheit auf eurem Planeten ersichtlich sind. Auf der einen Seite sind unter euch sehr lichtvolle Wesen, die mit Betroffenheit wie nach unten schauen, in diese leidvolle Dunkelheit. Auf der anderen Seite sind Wesen, die aus der Dunkelheit wie nach oben ins Licht schauen und erahnen, dass es dort viel Licht gibt.
Es herrscht eine Art Gespaltensein, denn beide Seiten haben momentan keinen Zugang zur jeweils anderen Welt. Das Tor ist verschlossen.
Ihr erlebt dies momentan! Die einen strecken ihren Kopf von oben nach unten und stoßen sich bei der erstbesten Gelegenheit ihren Kopf an der dunklen Energie. Die anderen befinden sich in ihrer Dunkelheit in einer Art Kokon und versuchen, ihn zu durchbrechen, doch es gelingt ihnen nicht. Es ist von beiden Seiten momentan vergebliche Liebesmühe, sich in die jeweils andere Welt zu begeben.
Für die von euch auf der lichtvollen Seite heißt es, den Fokus zu halten, bei sich zu bleiben, weiter zu vertrauen, das Licht in ihnen größer werden zu lassen und nicht zurück beziehungsweise nach unten zu blicken.
Wir wissen, wie sehr ihr geneigt seid, in die dunkle Welt hinab zu sehen, weil von dieser dunklen Seite ein riesiger Krawall ausgeht. Ihr schaut immer wieder zurück, als ob ihr ein Fenster nach unten hättet, und seid vom Schmerz erschüttert und zutiefst betroffen. Es ist wie ein Magnet, der euch immer wieder dorthin zieht, um eurerseits zu versuchen, mehr Wesen in euer Licht zu ziehen.
Doch diese Welt ist in sich verschlossen. Erst wenn der Prozess des anderen menschlichen Wesens ansteht, kann es durch diesen Kokon zu euch nach oben dringen und ist dann mit einem Mal bei euch, sprich erwacht. Dies geschieht zumeist in einem Moment. Diejenigen, die erst hinüber in die lichtvollere Seite gegangen sind, sehen

es immer noch als ihre Aufgabe an, zurückzuschauen. Sie schauen immer noch nach ihresgleichen, um sie mitzunehmen, das ist jedoch vergebene Liebesmühe.

Es heißt, in der lichtvollen Welt abzuwarten, zu vertrauen und euch auf euch selbst zu fokussieren, denn nur dann, wenn genügend Energie zur Verfügung steht, gebt ihr anderen die Chance, zu euch durchzudringen, durch ein Tor ihren Kokon zu verlassen.

Es macht also wenig Sinn, immer und immer wieder zurückzuschauen, immer wieder und wieder zurück ins alte Spiel zu schauen, sondern viel mehr Sinn, bei euch zu bleiben und zu vertrauen. Wenn ihr etwas für die andere Seite tun wollt, dann werdet durch euer Licht zum Magneten.

Wir wollen an der Stelle betonen, dass es aus unserer Sicht das alte Matrix-Spiel ist und wir wollen dieses nicht bewerten. Wir wollen es euch lediglich erklären, um euch zu helfen, euch auf euch selbst zu fokussieren und auf die lichtvollere Welt zu konzentrieren und eines zu wissen: Je mehr Energie ihr produziert, ihr an Liebe, Licht und Vertrauen freisetzt, desto mehr anderen Wesen eures Planeten gebt ihr die Chance, euch zu erreichen.

Ihr erreicht dieses Durchdringen aus dem eher dunkleren Teil eurer Welt nur dadurch, dass ihr eure Prüfung meistert. Also an all diejenigen, die immer noch magnetisch gebannt in die dunklere Welt schauen: Fokussiert euch nicht nach unten beziehungsweise zurück, fokussiert euch auf die lichtvolle Seite. Fokussiert euch radikal – und dieses Wort benutzen wir mit Absicht – und bildet Gemeinschaften, sodass ihr so viel wie möglich lichtvolle Energie erzeugt, so viel wie möglich Licht erzeugt, in euch selbst und im Kontakt mit anderen und dadurch den Übergang meistert.

Es ist unverzichtbar, dass ihr euren Körper reinigt, dass ihr euren Geist reinigt und eure Seele zu Wort kommen lasst. Ihr seid bereits in diesem Licht, also tut nicht länger so, als wäret ihr im Kokon

gefangen, indem ihr wie gebannt ins Dunkle blickt. Blickt nach vorn und stärkt eure Gemeinschaft von Lichtwesen! Wir sind jederzeit um euch herum. Wir sind jederzeit bei euch. Wir sind jederzeit da, um euch zu helfen. Wir können euch wenig helfen, wenn ihr gebannt auf die dunkle Seite statt auf die lichtvolle Seite schaut.
Ihr dürft euch damit arrangieren, dass das Alte, das ihr erlebt habt, selbst wenn es euch nicht so vorkam, nur ein Matrix-Spiel war, nur habt ihr dieses nicht als solches erkannt. Ihr wart Mitspieler. Euer Blick darauf, der euch jetzt ermöglicht, das alte Spiel zu durchschauen, lässt euch mit etwas Abstand sehen, was wirklich gespielt wird. Und es ist zum Teil für euch sehr dramatisch, aber nur aus dem Grund, weil ihr zurückschaut, weil ihr euch dieses Matrix-Spiel weiter anschaut. Wir sagten euch schon einmal: Das Matrix-Spiel ist für euch zu Ende. Und wenn ihr das Ende des Spiels erreicht habt, seid ihr sozusagen an der Stelle, wo eure Prüfung ansteht, durch die ihr nicht fallen könnt. Ein Teil dessen, was ihr jetzt erlebt, ist ein Teil der Prüfung. Ihr werdet geprüft in jeder Hinsicht. Und wir sagen noch einmal: Ihr könnt nicht durchfallen. Ihr könnt jedoch entscheiden, inmitten der Prüfungsphase euren Blick immer und immer wieder zurückzuwerfen und an euren alten Platz im Matrix-Spiel zurückzugehen, statt dem Prozess zu vertrauen.
Wir haben Verständnis dafür, dass dieser Prozess euch Angst macht. Ihr kennt das Ziel nicht, ihr habt nicht diese größere Sichtweise, die wir haben. Und dennoch sagen wir euch: Es gibt einen göttlichen Anteil in euch, der diese größere Sichtweise kennt. Den könnt ihr nur erfahren, wenn ihr euren Blick nach vorn auf die lichtvollere Seite richtet. Wenn ihr euch immer und immer wieder auf die dunklere Seite ausrichtet, zurückblickt, kommt ihr schwerer voran. Richtet euren Blick nach innen und auf euresgleichen, auf andere bewusste, erwachte und vor allem lichtvolle Wesen. Nehmt sie wahr in ihrer Ausstrahlung. Es geht ein Leuchten von diesen

Menschen aus. Ihr fühlt euch in ihrer Nähe wohl. Ihr fühlt die Liebe, ihr fühlt dieses Bewusstsein. Ihr fühlt ihre Stärke und Klarheit, ihre Ausrichtung auf die lichtvollere Welt und Seite. Ihr fühlt ihr Vertrauen, ihre Zuversicht und Liebe. Richtet euch danach aus. Auf der anderen Seite fühlt ihr Leid, Verzweiflung, Wut und Trauer, Hoffnungslosigkeit und Angst. *Schaut anderen Wesen in die Augen und nehmt ihren Ausdruck wahr. Die einen Augen schauen voller Klarheit, Liebe, Frieden, Zuversicht, wachsam und erwacht. Sie vermitteln euch Hoffnung. Die anderen Augen schauen voller Verzweiflung, Angst, Wut, Trauer, Hoffnungslosigkeit und Panik in der Gegend herum. So könnt ihr euch untereinander erkennen. Wenn ihr einmal in dieser lichtvollen Welt angekommen seid, erkennt ihr sie, da eure Intuition immer mit euch in Kontakt ist. So könnt ihr folgerichtig euresgleichen anschauen oder euren Blick auf das Licht ausrichten.*

Wir sind jederzeit für euch da. Wir helfen euch. Wir reinigen euch. Wir kennen dieses Prozedere. Wir wissen, welche Stufen dieser Entwicklung es gibt. Wir wissen, dass ihr mittendrin seid, und wir wissen, wie schwer es manchmal ist, den Fokus nach vorn statt nach unten beziehungsweise zurück zu richten. Wir wissen das, weil wir diesen Aufstieg, dieses Erwachen bereits durchlebt haben. Wenn ihr Antworten wollt, richtet euren Blick zu uns aus. Fragt, ihr dürft uns jederzeit fragen. Fragen sind willkommen, wir helfen euch! Wir können euch nicht helfen, wenn ihr nach unten blickt. Nehmt euch die Zeit, diese Qualität, das, was ihr momentan lebt, zu fühlen. Nur sagen wir: Das Ziel ist nicht, euch zurückzuentwickeln. Das Ziel ist, so viel wie möglich nach oben auf die lichtvollere Seite zu ziehen. Und wir ermutigen euch nochmals: Bittet um Hilfe. Wir wollen, dass ihr diese Endlosschleife endlich verlasst.

Was wir auch bemerken, ist, dass es sich momentan wie ein energetisches Tauziehen anfühlt. Je mehr auf der lichtvolleren Seite sind, desto mehr bewegt sich der Schwerpunkt zur lichtvolleren Seite. Diese Arbeit ist nicht zu unterschätzen. Zuweilen gelingt es euch gar nicht, den Fokus zu halten, oder nur insoweit, dass ihr wie gebannt ins Alte zurückschaut. Es ist ein tiefes Gefühl von Angst und Ohnmacht, das sich dann in euch bemerkbar macht. Und dennoch sagen wir euch, dass ihr auch das bewusst gewählt habt. Ihr wolltet eine entscheidende Rolle als Geburtshelfer zum erwachten Bewusstsein einnehmen. Ihr wusstet all das, und deshalb könnt ihr getrost Vertrauen haben, dass es am Ende gut werden wird.

Dennoch ist eure Arbeit wichtig und elementar. Die Arbeit all jener, die diese Bewusstseinsarbeit tun, die erwacht sind. Erwacht sein bedeutet, die Endprüfung gemeistert zu haben. Es geht für euch auf der lichtvollen Seite weiter. Ihr beginnt dann mit eurer wahren Meisterschaft. Jetzt beginnt eure Praxis und die heißt üben, üben und nochmals üben. Selbst wenn ihr noch einmal zurückblickt und euch ein blaues Auge holt, weil ihr euren Kopf nach unten zur dunkleren Ebene streckt: Ihr könnt jederzeit euren Fokus wieder ausrichten. Es ist euer freier Wille. Ihr könnt entscheiden, euren Kopf nicht nach unten zu halten. So ist es, wenn die untere Ebene Krawall macht. Ihr könnt euch entscheiden, diesem Krawall nicht mehr zu folgen. Ihr könnt euch entscheiden, auf diesen Krawall nicht mehr zu reagieren.

Dennoch wird es euch zwangsläufig passieren, dass ihr unmittelbar betroffen seid, wenn ihr unachtsam seid. Lasst dies, geht einfach euren Weg weiter. Bleibt in diesem lichtvollen, friedlichen Zustand, das legen wir euch ans Herz und verbindet euch. Erhebt euch in die höchste Frequenz und lasst euch auf die alten Matrix-Spiele nicht mehr ein.

Frage: Wenn ich bereits Mitten im Geburtsprozess stecke und mich kurz vor der Prüfung befinde, wie kann ich euch um Hilfe bitten?

Oft habt ihr euren Geburtsprozess bereits durchschritten und könnt lediglich euren Fokus noch nicht halten, weil ihr euren Kopf zu oft nach unten haltet und verletzt werdet. Ihr seid in dieser Phase angekommen und schaut immer und immer wieder in die alte Matrix zurück. Ihr könnt eure höhere Frequenz noch nicht halten.
Und für alle, die sich mitten in diesem Szenario befinden: Es ist ein Prozess mit unglaublich viel Druck, mit mehreren Beteiligten und einem großen Kompetenzteam.
Was ihr wirklich als Einziges tun könnt, um auf deine Frage zurückzukommen, diesem Prozess vertrauen. Drei Viertel geht ihr, ein Viertel kommen wir euch entgegen. Jedes Wesen, wie wir bereits sagten, das zur Prüfung antritt, wird in diesen Sog gezogen. Für das Wesen, das sich im Geburtsprozess befindet, ist es scheinbar egal. Es wird rausgepresst – mit Helfershelfern. Wenn der Geburtsprozess abgeschlossen ist, fühlt es sich an wie ein Neugeborenes, dass beschützt werden muss. Eurerseits gibt es Hilfeschreie und wir geben euch Starthilfe, wir begleiten euch wie Hebammen.
Der Prozess davor ist ein, wie wir bereits sagten, Schienenprogramm, um aufzuwachen. Ihr spürt ganz genau, wann eure Prüfung ansteht. Wir sprachen von der Wahllosigkeit am Point of no Return, ab dem nicht mehr umgekehrt werden kann. Ihr kommt auf jeden Fall durch, weil dort gezerrt, geschoben, gedrückt, getreten und gerufen wird. Es herrscht viel Druck und es geht im wahrsten Sinn des Wortes um Leben und Tod. Erst danach, auf der lichtvolleren Seite, fangt ihr an aktiv um Hilfe bitten, weil ihr noch ungeschützt seid, weil ihr erst Erfahrungen auf dieser neuen Ebene machen dürft. Das Gefühl kanntet ihr vorher nicht, weil diese lichtvollere

Seite ein wirkliches Neuland, einen Paradigmenwechsel für euch darstellt. Ihr beginnt auf einer neuen Ebene von vorn.

Das erwachte Bewusstsein ist mit einer Geburt zu vergleichen und so wie dieser Prozess, so wie ein Neugeborenes sich fühlt und schreit, so fühlt ihr euch im ersten Moment. Und jetzt könnt ihr darauf vertrauen, dass euch wieder geholfen wird, wenn ihr um Hilfe bittet. Ihr werdet rundum versorgt, ohne dass ihr es bemerkt. Ihr werdet aufgefangen von anderen Wesen, die schon ein Stück weiter sind als ihr. Es ist ein sehr ausgeklügelter Plan und jedes Rädchen erfüllt seine Aufgabe im Uhrwerk.

Wenn ihr weitergeht, werdet ihr wieder anderen Erwachten helfen, ähnlich wie es in eurer menschlichen Entwicklung ist. Und es ist auch so in etwa vergleichbar, wie Eltern ihren Kindern helfen. Wie ihr all diese Phasen eurer Entwicklung noch einmal in anderer Form durchlebt.

Ein Merkmal des gerade erwacht seins ist, uns ständig um Hilfe zu bitten, ständig das Gefühl zu haben, es muss immer mehr um Hilfe gebeten werden. Ständig zu schreien, dass ihr alles Mögliche braucht. Verlasst euch darauf, dass euch geholfen wird.

Sieh ganz persönlich deinen momentanen Bewusstseinszustand. Wenn du mitten im Prüfungsgeschehen wärest, würdest du diese Frage nicht stellen. Dies ist eine Frage eines bereits erwachten Bewusstseins im ersten Stadium des Erwachens. Und des sich alles neu Anfühlens. Und die Idee, noch einmal zurückzublicken, weil ihr dies kanntet. Und des alles neu Lernens, umzugehen mit diesem Paradigmenwechsel. Ihr glaubt immer, es ist dann alles perfekt. Doch ihr werdet dann erst einmal feinjustiert. Ihr kalibriert euch auf diese neue Qualität des Bewusstseins und das dauert einen Moment. Die Zeit des Übergangs wird häufig unterschätzt. Deshalb haben wir euch jetzt einen Ausblick gegeben.

Frage: Könnt ihr uns darüber hinaus noch etwas zur Zeitqualität sagen?

Wir haben euch bereits vom Szenario der Zeitlinien berichtet. Zeitlinien verlaufen nicht linear, sondern scheinbar in Kreisen, beginnend mit kleinen Kreisen um sich selbst, die immer größer werden. Entweder seid ihr innerhalb einer der Zeitlinien oder ihr springt in eine andere Zeitlinie, die sich auch um sich selbst drehen wird. Es ist, wie gesagt, nicht linear, sondern um sich selbst drehend. Als ob ihr eine Tür aufmacht und dann in eine Art anderen Strudel geratet. Deshalb sprachen wir auch von einem Tornado, weil diese sich um sich selbst drehen. Von klein nach groß drehen ist das, was wir mit *verschiedenen Zeitqualitäten* meinen.

Wir sehen es auch an euch: Entweder ihr dreht in einer eher dunkleren Zeitqualität oder ihr bewegt euch in einer lichtvolleren Zeitqualität. Wir nehmen es als Licht oder eher als Abwesenheit von Licht wahr. Wie gesagt, das bewerten wir nicht, sondern wir nehmen es an euch wahr, als eine Art Energiewirbel, der eher heller oder lichtvoller oder eher dunkler ist.

Wenn mehrere Qualitäten dunklerer Zeitqualitäten zusammentreffen, verbinden Sie sich von ganz alleine und wir sehen diesen Energiewirbel als großen Krater, der bis ins Erdinnere hineinreicht und alle in sich vereinigt und mitreißt, die sich in diesem dunkleren Wirbel befinden. Es ist ein Kreisen um sich selbst, dem man scheinbar nicht entrinnen kann, wo man wie im Sog mitgezogen wird, scheinbar ohne dass man etwas tun könnte, um rauszukommen. Es ist wie ein Kampf um sich selbst. Es ist ein Drehen um sich selbst.

Wenn ihr in diesen anderen Zyklus wechselt, in diese lichtvolle Zeitqualität, ist es wie ein Zeitsprung in eine neue Ära. Es ist wie ein Quantensprung in einen neuen Energiewirbel, der eine viel weniger chaotische Struktur aufweist, als dieser dunkle Energiewirbel, der so heftig und schnell sein muss, so viel Leid bringt, der so viel

Energie aufbringen muss, damit auch der eine oder andere von Zeit zu Zeit rausgewirbelt wird. Es ist aber eher ein durch ein Tor beziehungsweise durch ein Nadelöhr Hindurchgehen. Der dunkle Energiewirbel zieht euch immer wieder in die Dunkelheit hinab und ihr rennt immer schneller, um nicht hinab gezogen zu werden. Ja, es ist ein Rennen, ein förmliches Rennen. Je weiter ihr nach oben kommt, desto schneller müsst ihr rennen, um nicht wieder hinabgezogen zu werden. Es ist ein ständiger Kampf.

Auf dem lichtvollen Energiewirbel ist es so, dass jeder, der sich auf ihm befindet, einen eignen Energiewirbel darstellt und nach einer bestimmten Zeit diesen Energiewirbel verlässt, um einen eigenen lichtvollen Energiewirbel zu bilden.

Es ist ein viel größeres Vernetztsein, Zusammenfinden. Es ist ein viel größerer Grad an Freiheit, eine Art Springen durch das Universum, eine Vernetzung, wie sie das Universum selbst beinhaltet. Ihr leuchtet kräftig und bildet einen eigenen energetischen Lichtwirbel. Ihr habt nicht dieses Thema, das ihr hinab gezogen werdet, um euer Leben rennt, sondern ihr bildet euren eigenen Energiewirbel, was wir mit Souveränität und Selbstermächtigung gleichsetzen.

Nach einer Art Kalibrierung oder Feinjustierung seid ihr befähigt und selbst ermächtigt, euren eigenen Energiewirbel zu bilden. Im Falle des dunklen Energiewirbels habt ihr keinen eigenen Energiewirbel. Ihr seid vielmehr mit dem Geschehen dieses einen großen Energiewirbels beschäftigt und eher daran interessiert, dass ihr, je weiter ihr in euren Erwachensprozess kommt, zu rennen, zu rennen, zu rennen, zu rennen und einen Ausweg zu finden, wie ihr diesem dunklen Energiewirbel entkommt. Das ist das alte Matrix-Spiel.

Auf der lichtvolleren Seite ist es wie ein energetischer Tanz, den ihr, sobald ihr laufen gelernt habt, vollführt. Es ist wie ein Hin- und Herspringen zwischen verschiedensten Welten und doch seid ihr überall gleichzeitig. Ihr könnt eure Wahrnehmung so weit ausdehnen, dass ihr im ganzen Universum vernetzt seid, sodass ihr alles durchblickt, alles durchschaut. Ihr könnt euch teleportieren, materialisieren und vieles mehr.

Ihr könnt das alles, nachdem ihr mit dieser neuen Energie umgehen gelernt habt. Es ist eine Schule des Bewusstseins. Die Schulungen werden anfangs wir übernehmen. Und je mehr von euch in dieses Bewusstsein erwacht sind, werdet ihr das für die Wesen, die erwachen wollen beziehungsweise gerade erwacht sind, übernehmen. Es wird eine Bewusstseinsschule geben, in der ihr euch gegenseitig trainiert und helft, eure spirituellen Fertigkeiten auszuprägen. Viele stehen von euch am Anfang dieses Zyklus des erwachten Bewusstseins. Ihr dürft euch jetzt alle erst einmal feinjustieren, um mit diesen höheren Dimensionen und Energiequalitäten umgehen zu lernen.

Das wird noch ein wenig Zeit in Anspruch nehmen. Schaut nicht zurück, sondern schaut nach vorn und beschäftigt euch mit eurer Energie, mit dem Licht in euch.

Bitte bedenkt, euer freier Wille wird im ganzen Kosmos akzeptiert. Wir können euch nicht helfen, wenn ihr uns nicht darum bittet. Wir wollen euch nochmals sagen: Ihr seid nicht allein, wir sind bei euch und wollen euch unterstützen.

Unterstützung eures geistigen Teams

Wir unterstützen euch, indem ihr fragt beziehungsweise bittet:
- »Wie könnt ihr mir bei … konkret behilflich sein? Was könnt ihr für mich tun? Wie könnt ihr mich bei meinem individuellen Erwachensprozess unterstützen?«
- »Bitte helft mir. Trainiert und schult mein Bewusstsein, unterstützt mich bei meinem eigenen Erwachensprozess!«

Diese Fragen stellt ihr erst, wenn ihr bereits erwacht, im übertragenen Sinne neu geboren seid. Vorher gibt es in euch diese Fragen nicht. Vorher gibt es ein Rennen um euer Leben. *Deswegen schließt sich jetzt auch der Kreis, warum wir nicht jeden erreichen können. Solange sich ein Wesen noch innerhalb der dunkleren Zeitlinie befindet, sind wir nicht zuständig und das ist völlig ohne Bewertung. Wir sind Geburtshelfer. Wir helfen menschlichen Wesen zu erwachen und erwachten Wesen groß zu werden. Wir helfen ihnen, ihre lichtvollen Fähigkeiten in Vollkommenheit auszuprägen. Unsere spezielle Forschungsgruppe ist zuständig, menschliche Wesen in all diesen Techniken der neuen Zeit des erwachten Bewusstseins einzuweihen. Wir helfen ihnen, ein Gefühl dafür zu bekommen, was es bedeutet, erwacht zu sein. Es wird unter anderem Schulen geben, die Techniken wie Lichttechniken, Bewusstseinstechniken, Manifestationstechniken lehren.*

Wenn ihr neu geboren, also erwacht seid, müsst ihr euch erst einmal auf die neue Zeitqualität, auch *Terra 2* genannt, fokussieren lernen. Und ja, es blendet. Ja, es ist hell. Ja, es ist neu. Ja, es macht Angst. Ja, die Tür ist nach unten verschlossen, selbst wenn ihr noch so sehr eure Köpfe nach unten haltet und schaut. Also bleibt im Licht, geht weiter, schaut nach vorn. Wir und andere lichtvolle Wesen helfen euch.

Wenn ihr wieder einmal zu lange euren Kopf nach unten gehalten, euch dabei verletzt habt und in Unfrieden gekommen seid, dann werden wir euch helfen, euren Fokus wieder auszurichten. Wir kennen durch unsere eigene Erfahrung all die Tücken dieses Prozesses.

Fokus, Fokus, Fokus

Fokus halten, ist eure erste Übung, und ja, es erfordert ein wenig Übung. Es klappt nicht von einer Sekunde auf die andere. Wenn ihr den Fokus halten könnt, wird euch das Leben wesentlich leichter fallen, als wenn ihr immer und immer wieder zurückschaut und euch verletzt. Es ist eine Art Depression, die sich in euch breitmacht, weil ihr in einen Strudel von Hoffnungslosigkeit geratet, da ihr denjenigen, die sich da unten befinden, nicht helfen könnt. Und wir sagen euch noch einmal in aller Deutlichkeit: Ihr werdet ihnen so lange nicht helfen können, solange ihr nicht eure Arbeit macht, solange ihr nicht euren Fokus halten könnt, uns um Hilfe bittet beziehungsweise eure Licht- und Energiearbeit macht, euch immer wieder mit Licht durchflutet, euch helfen lasst und das je nach Bedarf täglich, stündlich, minütlich. Egal wie oft ihr es macht: Ihr seid Babys, ihr dürft schreien, euch wird geholfen. Ihr habt ganz viele Geburtshelfer, die euch helfen. Nicht nur in der geistigen, sondern auch in der irdischen Welt werden es immer mehr. Aber vor allen Dingen: Wir in der geistigen Welt helfen euch momentan in Vielzahl. Und ihr werdet nicht daran vorbeikommen zu meditieren, euch mit Licht zu fluten, euren Fokus auszurichten. Das ist das, was ihr aktiv beitragen könnt, in dem Wissen, dass, wenn ihr nach unten blickt, beziehungsweise zurückschaut, es euch augenblicklich schlechter geht. Ihr seid dann schlagartig desillusioniert. Und noch einmal: Ihr könnt den anderen nicht dadurch helfen, dass ihr euren Blick immer und immer wieder nach unten richtet. Das können wir nicht oft genug betonen, weil ihr alle das macht. Es ist, als ob ihr euch in einem Glasboot befindet und nach unten schaut: Ihr seht sie, aber erreicht sie dennoch nicht und könnt ihnen nicht helfen. Richtet euren Blick nach vorn, nach oben. Hört nicht auf, uns zu fragen, hört nicht auf, uns um Hilfe zu bitten. Macht einfach weiter. Ermutigt und ermuntert euch gegenseitig nach vorne und ins Licht und in andere erwachte Gesichter zu blicken.

Hört auf, in die Gesichter der Ausweglosigkeit, Hoffnungslosigkeit und Angst zu blicken. Sie stehen gerade unmittelbar vor ihrem Prüfungsprozess. An dem Punkt, an dem sich bei ihnen Hoffnungslosigkeit und Hilflosigkeit breitmacht, könnt ihr wissen, dass sie zur Prüfung angetreten sind. Und wir wissen, dass sie diese Prüfung bestehen können. Und ihr könnt vertrauen, dass, wenn sie sich nicht mutwillig ein Ende setzen, sie zu euch durchdringen können und dieser Prozess, wenn auch nicht einfach und sehr leidvoll, notwendig ist.

Noch einmal: Es geht dort um Leben und Tod. Ihr habt diesen Prozess auf unterschiedlichste Weise bereits selbst durchschritten. Das ist auch der Grund, warum menschliche Wesen unter euch, die sehr schmerz- und leidvolle Prozesse in ihrem Leben durchschritten haben, anderen Menschen so viel Hoffnung und Liebe entgegenbringen, weil sie durch diese einschneidenden Erlebnisse erwacht sind. Was aber nicht bedeutet, dass sie nicht auch immer wieder ihren Fokus verlieren können. Dort heißt es dann, den Fokus zu halten.

Es gibt nur zwei Varianten: Die einen erleben die Dunkelheit, rennen um ihr Leben und wollen erwachen, die anderen sind bereits im Licht und es nützt niemanden, in die Dunkelheit zurückzublicken, sondern zu üben, den Fokus zu halten.

Es ist oft gesagt worden, aber wir wollen es noch einmal betonen: Schafft euch lichtvolle Momente am Tag. Geht ins Licht, geht ganz aktiv ins Licht. Befasst euch mit guten Gedanken, befasst euch mit der Natur, geht hinaus, macht all das, was euch Freude macht, gerade in dieser Zeit. Seid Licht, seid Hoffnung in jedem Moment.

Frage: Habe ich noch genug Zeit, ein Energiewirbel zu werden?

In dem Moment, in dem du deinen Blick zurückwirfst, nach unten blickst, erlebst du dieses Rennen, dieses Kämpfen, dieses keine Zeit mehr haben, es nicht zu schaffen, nicht in dieses Licht zu gelangen. Es ist also eine Art Zeitsprung, den du dann vornimmst, es ist nicht, dass du tatsächlich gesprungen bist, sondern du schaust zurück und verletzt dich, obwohl es kein Zurück mehr gibt. Es ist eine Zwischenphase und ein Gefühl, nicht vollständig geboren zu sein beziehungsweise nicht wirklich da zu sein. Wenn du deinen Fokus halten kannst, nimmst du vielmehr Ruhe und Zeitqualität wahr. Du nimmst dich außerhalb des Rennens wahr. Du wirst mit der dunkleren Seite irgendwann gar nicht mehr konfrontiert werden, weil dein Fokus sich verändert hat. Du wirst dich inmitten des Chaos in einer Art Ruhe und Licht befinden, ähnlich wie es menschliche Wesen tun, die bereits vollständig erwacht sind. Sie strahlen inmitten von Chaos eine Ruhe, eine Gelassenheit aus, die ihresgleichen sucht.
Andere, die gerade um Leben und Tod kämpfen, sagen: »Wie kannst du nur so ruhig sein?« Die Antwort ist ganz einfach: Sie befinden sich in einem anderen Energie- und Zeitgefüge. Von dort aus ist alles eins, ist alles machbar, ist alles ruhig. Es ist dann in einem Moment Ruhe, weil alles möglich erscheint. Das ist das, was du bereits erlebst, wenn du im Licht bist. Du hast eine ganz andere Energie und es wird für dich auch alles möglich. Dort bist du in Ruhe und Frieden.
Wenn du hingegen in die alte Zeitlinie zurückblickst, nimmst du Schnelligkeit und ein Rennen um Leben und Tod wahr. Das ist das, was wir meinen, mit der einen und anderen Seite der Medaille. Richte deinen Fokus aus und du wirst viel mehr Ruhe und Gelassenheit inmitten des Sturms empfinden. Deine Intuition führt dich.

Du erlebst inmitten des Chaos, dass es für dich einen friedvollen, lichtvollen Weg gibt und du gesund durchs Chaos kommst, da du selbst ermächtigt bist, nach etwas Feinjustierungsarbeit, die du geleistet hast, einfach in deiner Ruhe, deinem Licht und in deiner Liebe bist. Als ob der Kelch an dir vorüberzieht und du anders mit der Situation umgehst, weil du deinen Fokus verändert hast und du dich auf lichtvolle Dinge ausrichtest, die in deinem Umfeld mehr werden. Dies kannst du jedoch erst dann erleben, wenn du deine Lichtenergie auch mehr und mehr einsetzt.
Dort gehen die Türen auf, wo bei anderen keine Türen aufgehen. Du wirst ein Schlupfloch durch dieses Chaos finden, wo andere keine Schlupflöcher finden, und alle werden sich wundern, wie du durch dieses Chaos kommst. Du bist dann dieser lichtvolle Energiewirbel. Du bist dann dort, wo du sein musst, zur richtigen Zeit am richtigen Ort, während andere scheinbar zur falschen Zeit am falschen Ort sind. So wie bestimmte Menschen an Bord eines Flugzeuges sind, das abstürzt, während andere aus vielerlei Gründen diesen Flug nicht antreten, so würde es dir auch ergehen. Das wollen wir dir an dieser Stelle mit aller Deutlichkeit sagen. Wir bewerten das nicht, wir erklären nur die verschiedensten Zeit- und Energiequalitäten. Du tust gut daran, wenn du deinen Fokus auf Licht und Liebe ausrichtest.
Wenn Menschen Gewalt und Chaos erleben, befinden sie sich im dunkleren Energiewirbel und kämpfen um ihr Leben. Es gibt auch dort nur zwei Möglichkeiten: Entweder sie kommen raus oder sie versinken im Chaos beziehungsweise sterben.
Seht es als notwendigen Prozess an. Und ja, es ist ein sehr schmerzlicher, leidvoller Prozess. Es ist jedoch Teil des Erlebens eurer Generationen auf diesem Planeten.
Wenn du dich in Schnelligkeit befindest, dann unterbrich dieses Szenario, indem du dich mit Licht und Liebe flutest. Das steht dir

immer zur Verfügung. Halte einen Moment inne, gehe in dich und bitte um Hilfe. Richte einfach deinen Fokus auf uns und deinesgleichen, die bereits erwacht sind.

Wir wollen noch mal anmerken, dass momentan auf eurem Planeten ein nie gekanntes kollektives Erwachen stattfindet. Deshalb erlebt ihr die extremen Geburtswehen, dieses Leid, diese riesige Diskrepanz von Licht und Dunkelheit. Ihr könnt Menschen nicht am Erwachen hindern, ihr könnt sie auch nicht gewaltsam mit durchschleifen, es ist nicht eure Aufgabe.

Es gibt eine Art Vor-Geburtsteam, das sich mit dieser Matrix-Schein-Welt, mit kriegerischen und gewaltsamen Szenarien auf eurem Planeten auseinandersetzt, dazu gehören wir jedoch nicht. Und ihr, die ihr zu uns gefunden habt, uns um Hilfe bittet, auch nicht. Also lasst eure Finger davon, euch dort einzumischen. Ihr behindert die Wesen bei ihrem notwendigen Geburtsprozess. Seid jedoch für sie da, wenn sie erwacht sind, das werdet ihr an einem Leuchten in ihrer Ausstrahlung und in ihren Augen feststellen.

Frage: Gibt es noch einen ganz praktischen Tipp, wie wir möglichst gut durch diesen Geburtsprozess kommen? Akzeptanz: Akzeptieren, dass ihr bereits erwacht seid.

1. Beschäftigt euch mit Energiearbeit: Vollzieht energetische Arbeit, das ist die Arbeit, die ihr bereits kennt, ob es nun Atemarbeit ist oder sich mit Licht zu fluten.
2. Fokus: Richtet euren Fokus nach vorn auf euer Ziel aus. Lasst euch nicht vom Krawall nach unten ziehen, sondern erhöht eure Schwingung.
3. Achtsamkeit: Seid achtsam mit euch.
4. Bittet uns um Hilfe.

Auf eurem Planeten gibt es eine Vielzahl neuer Techniken, die eure Energiefelder stärken, euch unterstützen und euch schützen können, die ihr viel mehr nutzen könnt. Nutzt sie mehr!
Ihr könnt euch selbst mit Licht fluten, indem ihr euch vorstellt, dass Licht durch euch durchfließt. Ihr könnt atmen, ihr könnt in die Natur gehen.
Es sind einfache, praktische Dinge, worauf wir in Band 2 und 3 Stück für Stück aufbauen werden. Ihr braucht jedoch ähnlich wie ein Neugeborenes Starthilfe. Lernt erst mal die Grundlagen.

Richtet euren Fokus aus und blickt nicht zurück! – Das ist vielleicht der wichtigste aller Tipps.

Euren Fokus zu verändern, wird euch helfen, wenn ihr den Fokus verliert. Und noch einmal: Ihr spürt das sehr schnell an eurer Energie. Wenn die Energie abfällt, ist es allerhöchste Zeit, euren Fokus zu verändern und um Hilfe zu bitten.
Das sind die ersten Aufgaben eurerseits. Bittet uns um Hilfe, denn wir bemerken, dass ihr viel zu wenig bittet. Ihr haltet keinen Fokus. Ihr seid darin noch etwas ungeübt.
Das sind die konkreten Tipps, die wir euch geben können. Mögen sie noch so profan klingen, ist es trotzdem das Einzige, was ihr tun könnt. Energiearbeit lernt ihr Stück für Stück dadurch, dass ihr sie anwendet.
Ihr lernt euer erwachtes Bewusstsein gerade erst kennen. Ihr seid darin noch Neulinge und ungeübt wie Babys. Akzeptiert das und bittet um Hilfe. Vernetzt euch mit anderen erwachten Wesen.
Wir wünschen euch, dass diese vorgenannten Ausführungen sich erst einmal in euch vernetzen, ihr sie integriert und eure Wahrnehmung entsprechend ausrichtet.
Wir danken euch für eure Fragen und dafür, dass ihr euren Fokus

haltet. Ihr macht es uns um ein Vielfaches leichter, euch bei diesem Prozess behilflich zu sein.

Eine Sache wollen wir ganz zum Schluss noch mitteilen: Statt euren Fokus nach unten zu richten und ins Leid einzusteigen, ist es wichtig, diese Wesen mit Liebe zu fluten. Sie anzulächeln, anzustrahlen, selbst wenn sie verbissen, verbittert, wütend, traurig sind. Hüllt sie in Licht und Liebe ein.
Ihr seid nicht allein, ihr werdet durch all diese Prozesse geführt.

6. Schlüssel – Zugang zur göttlichen Dimension

Geliebte Wesen,
heute sind Heerscharen und Legionen von uns anwesend und es geht gleichzeitig ein sehr großes Lichttor von uns allen aus, die wir diesen Prozess begleiten. Es ist ein Tor, das für euch sehr weit offen steht. Und dennoch ist dieses Tor momentan wie ein fast undurchdringbares Nadelöhr zu sehen, weil eure Energie durch diesen umfangreichen Schmerz- und Trauerprozess so dicht ist, so fest ist, so stagnierend. Scheinbar ist es euch gar nicht möglich, zu uns durchzudringen, weil ihr sehr mit euch selbst und euren Emotionen beschäftigt seid.
Es ist ein Prozess, der gleichlautend ist, wenn man Materie kernschmelzen möchte, es bedarf entsprechender Vorkehrungen. Dafür ist ein intensiver Trauer- und in euren Augen krawalliger Wutprozess notwendig. Wenn sich eure Wut und eure Trauer entladen, sind sie der notwendige Zündstoff, der die Kernschmelze und damit eure Transformation letztendlich bewirkt, indem die Herzen sich öffnen und der Lichtstrahl von Herz zu Herz um die Welt geht. Ja, im wahrsten Sinne des Wortes von Herz zu Herz. Dieses Tor kann sich jederzeit für euch öffnen.
Das, was das Medium momentan als zwei Dinge wahrnimmt, ist in Wahrheit eins: Dein Herzenstor öffnet sich mit viel Druck durch euren Schmerz hindurch und verbindet sich mit allen anderen Herzen. Der Durchgang durch das Tor ist momentan sehr nah und möglich, auch wenn es euch durch die Dichte der Energie momentan fast aussichtslos erscheint. Das Licht am Ende des Tunnels ist ein Tor, durch das ihr hindurchgehen könnt.

Seht es bitte so, dass dieser Prozess keine Kleinigkeit ist und ihr nicht einfach so hindurch fliegt, sondern dieser Prozess des Erwachens und des Hindurchgehens entsteht durch Druck und eure notwendigen Prozesse. Erst wenn ihr durch euren intensiven Trauerprozess beziehungsweise Wutprozess gegangen seid, ist es möglich, so weich im Herzen zu sein, dass es euch gelingt, durch das Tor hindurchzugehen, um ein weiteres Tor zu öffnen. Euer Weg führt nicht nach außen, sondern nach innen. Es öffnet sich Stück für Stück ein weiteres Tor in eurem Herzen, ein Verbindungstor nicht nur zu allen anderen Herzen, sondern zu einer höheren Dimension in euch.

Das Phänomen wollen wir voranstellen, da das Medium dieses Phänomen gerade sehr stark wahrnimmt. Deshalb wird euch eine enorme Liebesenergie zur Verfügung gestellt. Wir begleiten diesen Prozess sehr eng. Ganze Legionen und Heerscharen aus Licht sind da, die diesen Prozess behüten und beschützen. Ihr alle, die ihr durch diesen Prozess geht, seid sehr behütet und beschützt. Selbst wenn es so aussieht, kann euch dennoch nichts passieren, wenn ihr in eurem Herzen bleibt.

Durch all diese Geschehnisse im Außen kommt es euch so vor, als ob euer Herz herausgerissen wird. Genauso fühlt es sich für euch an. Und es gibt nur zwei Dinge: Entweder ihr macht euer Herz zu, und damit wird die alte Welt sichtbar, oder ihr nutzt diesen Transformationsprozess, indem ihr den Schmerz und diese Art von Angreifbarkeit immer mehr zulasst, sodass eine Tür nach der anderen ins Innere aufgeht. Weitere Herzkammern öffnen sich, selbst wenn ihr denkt, es wird keine weitere Tür aufgehen. Dem ist nicht so. Wir sind bei euch. Wir unterstützen den Prozess all jener, die mutig genug sind, all diese Trauer, all diese Wut und vor allen Dingen all diesen Schmerz, der im Feld ist, mitzutragen, mitzuerleben und durch ihr eigenes Herz durchzuspülen und damit den ganzen Planeten zu heilen. Es ist eine Kruste auf eurem Planeten aufgebrochen und erreicht all diejenigen, die mehr als sonst in ihrem Leben offen in ihrem Herzen sind. Viele unter euch denken, sie können den Schmerz nicht mehr aushalten und wollen am besten entrinnen, wollen ihr Herz zumachen. Und da sagen wir euch sehr eindeutig: Das ist der falsche Weg. Ein verschlossenes Herz macht euch krank. Lasst eure Herzöffnung zu, atmet durch euren Schmerz durch in dem Wissen, dass ihr beschützt und behütet seid und dass euer Schmerz vorübergeht. Der Schmerz wird verschwinden, wenn alles durchgeatmet ist.

Das ist kein Prozess, den ihr beschleunigen könnt. Jeder von euch, der sich nur annähernd seiner selbst bewusster wird, sein Herz öffnet, fühlt diesen Weltenschmerz direkt. Das ist genau das, was euch scheinbar fast verrückt macht, da ihr diesen vorher nicht so gefühlt und gespürt habt. Ihr fühlt die Trauer und die Wut. In Wahrheit war euer Herz noch nicht offen für dieses Thema. Da ihr euch entschieden habt, euer Herz zu öffnen, ist es ein Gefühl, das erst mal neu verarbeitet werden will, weil es so geballt auf euch niederprasselt. Doch genauso wie ein heftiger Regenschauer vorübergeht, wird auch dieser Schmerz vorübergehen. Atmen hilft. Akzeptieren und einen Hoffnungsschimmer in sich tragen, dass diese Emotionen gehen werden. Wenn sich das Licht-Tor öffnet, ist es so, dass in euch eine nie da gewesene Ruhe einkehren wird. Eine Ruhe, die euch das Geschehen um euch herum anders erleben lässt. Ihr nennt dieses Verhalten *Resilienz*, wobei das nur ein Begriff ist. Das Gefühl, das wirklich dahintersteht, ist ein Gefühl von einer Ruhe, tiefen Sicherheit und Geborgenheit. Ihr werdet dann eins nicht nur mit den Herzen anderer Menschen, die ebenso offen sind, sondern ihr werdet eins und verschmelzt mit dem Wesen, das euren Planeten ausmacht.

Diese Liebe, die ihr fühlt, die euch durchströmt und durchflutet, ist eine Liebe, die ihr weitergeben könnt. Letztendlich ist es eine allumfassende Liebe, die euch allen innewohnt. Dieser Erwachensprozess ist ein Akt der Liebe.

Und als letzte Anmerkung, bevor du deine Fragen stellen kannst, sei noch gesagt, dass dieses Licht-Tor, von dem wir sprachen, eine Energie ist, die allumfassend ist. Es ist eine Magie, die von ihm ausgeht. Es ist dieser Sog, den wir bereits beschrieben haben. Wenn ihr hinfühlt, Schmerz durchfließen lasst, werdet ihr unweigerlich hineingesogen. Es sind diese berühmten Erleuchtungserlebnisse, die bei jedem von euch individuell sind.

Wir sagen auch noch, dass diese Prozesse wichtig und notwendig sind. Ihr könnt sie nicht überspringen. Euer Aufwachen heilt die Erde, das ist der Vertrag. Das ist das, was ihr zurückgebt für das, was ihr erhaltet. Das ist dieser Impuls von Geben und Nehmen.

Frage: Wie kann ich mein Herz für diesen Prozess öffnen und das notwendige Vertrauen gewinnen, bei all diesen momentanen Widrigkeiten?

Aufzuwachen bedeutet, persönlich betroffen zu sein und schlagartig durch diesen Schmerz, der euch ganz persönlich betrifft, einen Durchbruch für sich und die eigenen Emotionen zu erleben. Es geschieht schlagartig und du sagtest es bereits, dass es, wenn es dich selbst betrifft, sich anfühlt, als ob dein Herz herausgerissen wird. Dies ist sehr wohl ein sehr schmerzhafter Prozess, der einkalkuliert wurde.

Wir wollen diesen Prozess nicht beschönigen. Wir sagten deshalb, auch, dieser Prozess ist schmerzhaft und nicht leicht. Jeden unter euch wird dieser Prozess individuell treffen, auf einer anderen Ebene. Auf einer Ebene, wo ihr Emotionen zulassen dürft. Ihr dürft wütend und traurig sein. Was bleibt euch auch anderes übrig, um überhaupt mit diesen Situationen klarzukommen? Ihr dürft euch auch schützen davor, dennoch werdet ihr ohne dieses ganze Spektakel im Außen nicht durchkommen.

Diese Art Kriegszustand, den ihr momentan auf eurem Planeten erlebt, ist das Salz in der Suppe, ist dieser Druck, der alles in euch zerschießt, der euer Herz öffnet. Herzen, die so fest vermauert waren, Herzen, die von Anbeginn an geschlossen wurden, können nur noch durch diese intensiven, momentan auf eure Erde stattfindenden Prozesse geöffnet werden.

Und noch einmal: Wir wollen nicht sagen, dass diese Prozesse für euch schön oder leicht sind. Wir wissen sehr wohl, dass für viele von euch eure Prozesse sehr, sehr heftig sind. Und wir sagen, dass eure Prozesse ein Ende finden werden. Denn nur wenn ihr es selbst erlebt und ausgelebt habt, könnt ihr zu einer anderen Haltung kommen.

Wir sagen deshalb, wie wichtig es ist, dass auch die Menschen mit irdischen Regeln an die Grenzen des menschlich Machbaren erinnert werden und auch zur Verantwortung gezogen werden. Keiner entkommt seinem Karma und keiner entkommt seiner individuellen Verantwortung. Menschen, die dazu beitragen, dass ihr einerseits den nötigen Druck habt und andererseits durch diesen menschlichen Spiegel ein bestimmtes Verhalten ausschließt. Ihr werdet mit eurem Schatten konfrontiert. Ihr sorgt durch euren Schmerz dafür, dass noch mehr Menschen durchs Nadelöhr hindurchgehen, sodass die alten Spiele auf eurem Planeten ein Ende finden. Und je mehr das alte Spiel verlassen, desto extremer wird das alte Spiel. Und das ist das, was ihr gerade erlebt, sodass ihr denken könntet, es würde niemals enden, und euch fragt, wo das alles noch hinführen mag. Es wird euch scheinbar alles genommen, was euch lieb und teuer ist. Jedem auf seine Weise. Und das ist genau der Prozess, in dem ihr euch entscheiden könnt, euer Herz zu öffnen. Denn wenn aller Schmerz durchgeflossen ist, dann kann das Herz in einem leuchtenden Zustand gedeihen. Erst dann ist wirklich möglich, was euch in diesem Leben möglich ist. Und wir sagten: Dieses Nadelöhr ist nicht ohne Grund ein Nadelöhr. Wir nannten es *Geburtsprozess*. Es ist ein sich Durchzwängen und Drängen, ein sich daran Stoßen. Vielleicht im ersten Moment das Gefühl nicht durchzukommen, weil es zu eng scheint. Und ihr werdet all diejenigen sehen, die auf ihre Weise durchgehen, die immer weitermachen, egal wie viel Angst sie haben und was sie im Außen erleben. Ihr werdet sehen, dass sie ankommen werden und dass sie die alten Spiele nicht mehr mitspielen müssen, da sie sie nicht mehr betreffen, weil sie ihren Ausweg durch das Nadelöhr gefunden haben und jederzeit wieder einen Ausweg finden können.

Der Ausweg aus dem Labyrinth / der Matrix

Für euch bedeutet der Ausweg eine Tür, die ihr im Labyrinth findet und andere aus dem Labyrinth mitnehmt. Auch wenn sich Tausende im Labyrinth verirren, ihr kennt den Weg raus. Damit werden euch bestimmte Dinge innerhalb des Labyrinths nicht mehr begegnen, da ihr sie kennt. Ihr müsst dieses Spiel nicht noch einmal spielen. Ihr kennt jederzeit den Austrittspunkt. Über euer erwachtes Bewusstsein werdet ihr durch diese Türen hinausgeführt. Wenn ihr euch rückverbindet, werdet ihr immer – und wir betonen: *immer* – einen Ausweg finden. Eine Tür, die für euch aufgeht, raus aus diesem Labyrinth.
Wir wollen dies noch einmal an einem Beispiel festmachen: Mit einem Flugzeug, das abstürzen würde, würdet ihr nicht fliegen. Es würde verhindert werden.

Ihr findet immer und immer wieder den Ausweg aus dem Labyrinth. Ihr findet kreative Lösungen. Ihr könnt euch das Spiel im Labyrinth noch sehr lange anschauen, dennoch werdet ihr irgendwann aufhören und beginnen, nur noch nach Lösungen zu suchen. Ihr erlebt die Situation des Labyrinths und sucht eure eigene Tür hinaus. Wenn ihr darauf euer Augenmerk richtet, werdet ihr immer eine Lösung finden.

Ein in sich selbst zusammenbrechendes Finanzsystem ist Teil des Labyrinths, es wird unweigerlich zusammenbrechen und es wird vieles verloren sein. Ihr werdet dann über andere Mittel verfügen. Jenseits dieses Labyrinths wird sich eine neue, sehr lichtvolle Welt auftun, die parallel läuft. Sie ist wie eine Art lichtvolle Autobahn, ohne Wirrungen und Irrungen, die ihr dann betretet. Ihr werdet immer wieder diese Tür finden und entscheiden können, auf die lichtvolle Autobahn zu wechseln.

Ihr werdet es in erster Zeit sehr oft tun, immer und immer wieder. Bis ihr gelernt habt, auf der neuen Autobahn zu fahren, und nicht mehr zurückwollt. Es bedarf einer Übergangszeit. Ihr werdet erstmalig wissen, dass es ein Tor nach draußen gibt, eine Tür, die ihr immer mehr nutzen werdet. Ihr könnt euch entscheiden, ob ihr diesen Irrungen und Wirrungen folgt oder euch eine Tür nach draußen sucht. Diese Tür könnt ihr im größten Chaos durchschreiten. Eine Tür, hinter der alles möglich und dennoch alles still ist, der Lärm, das Getöse aufhört. Dort ist eine lichtdurchflutete Ruhe, die euch dann umfasst. Es ist dieser Schutz, den wir zu Anfang ansprachen, unter dem ihr steht, eine Art Aura, wo ihr unantastbar seid und euch nichts passiert. Die Irrungen und Wirrungen des Labyrinths können euch dort nichts anhaben, auch Menschen nicht, die sich dort innerhalb des Labyrinths zwar bewegen, euch wahrnehmen und sehen, aber energetisch nicht an euch herankommen. Es ist wie eine unsichtbare starke Schutzmauer aus Licht, die euch umgibt, an der sich Wesen aus dem Labyrinth verbrennen, wenn sie euch zu nahetreten, sie kommen nicht mehr an euch heran. Und ja, sie sehen euch, sie wollen zugreifen, sie fassen jedoch ins Leere, kommen nicht mehr an euch heran. Es ist ein sehr erstaunlicher Prozess für euch. Sucht in bestimmten Situationen. Das ist auch die Antwort auf deine Frage nach dem Ausweg.

Fragt euch: Wo ist die Ausgangstür aus diesem Labyrinth? Ihr werdet in immer kürzerer Zeit eine Lösung finden, je öfter ihr diese kleine, aber einen sehr feinen Unterschied machende Übung vollzieht. Ihr werdet durch diese Tür schreiten, ihr werdet merken, wie viel Licht euch durchflutet, wie ruhig ihr plötzlich werdet und aus dieser Ruhe, aus diesem Licht heraus werdet ihr Lösungen finden – für jedwede Situation eures Lebens.

Von daher verstehen wir deine Frage, und wir sehen auch, dass du nicht zum ersten Mal den Zusammenbruch des Labyrinths siehst, indem Stück für Stück alles immer und immer wieder wegbricht. Und wir sehen auch, dass dort eine große Angst vorherrscht, Angst geschürt wird, die das alte Spiel am Leben hält und es jetzt endlich an der Zeit ist, dass ihr über eure Herzöffnung das Spiel verlassen werdet. Ihr seid von Legionen – und wir betonen: von Legionen – von Licht-Energien geschützt.

Also noch einmal: Wo ist die Ausgangstür aus diesem Labyrinth? Es gibt genügend Türen, in jedem Stadium, an jedem Ort dieses Labyrinths. Ihr werdet schlagartig ruhig, es durchflutet euch Licht, ihr bleibt in dieser Energie und bittet um Lösungen und die Lösung wird euch geschehen. Bittet uns um Schutz für euch und eure Liebsten und ihr werdet beschützt. Nicht aus einer Angst heraus vor der Dunkelheit, vor den anderen im alten Spiel existierenden dunklen Wesen, sondern aus der Ruhe, einer inneren Mitte und Liebe heraus, bittet ihr um Lösung.

Das ist das Zeichen, das ihr aus dem Labyrinth herausgetreten seid und die Tür geöffnet habt auf die lichtvolle Autobahn. Ihr befindet euch dann in einer Parallelwelt, obwohl ihr auf eurem Planeten existent seid.

Wenn ihr dem nicht so recht vertrauen könnt, geben wir euch noch ein weiteres Beispiel: Warum ist nicht jeder Mensch im Krieg umgekommen? Manche hat es getroffen, manche sind entkommen, manche fanden Auswege. Manche sind nicht getötet worden. Es gibt unter euch Lebende, die bestimmten Situationen entkommen sind, weil ihre Bestimmung noch nicht erfüllt war. Und so wird es euch in bestimmten Bereichen genauso treffen. Das heißt, ihr seid scheinbar mit dem Leben, mit vielen anderen Dingen innerhalb eures Lebens davongekommen. Ihr hattet aus Sicht anderer Glück, und dieses Glück ist das, was immer wieder beschrieben wird. Dieses Glück wird euch scheinbar zuteil. Es ist jedoch kein Glück in diesem Sinne, sondern es ist die Lösung, das Geschenk, das euch zuteilwird, wenn ihr euer Herz öffnet. Das ist dieser Prozess des Gebens und Nehmens.

Für all diejenigen, die sich an diesem kollektiven Erwachensprozess beteiligen: Sucht nach dieser Tür. Durchlichtet und durchflutet das Chaos.

Alle dunkleren Wesen innerhalb des Labyrinths wissen: Wenn sie mit lichtvollen Wesen in Kontakt kommen, deren Licht bereits sehr stark ist, werden sie durch immens viel Licht, das einem Laserschwert gleicht, verbrannt und ausgelöscht. Deshalb ist es ihr großes Ziel, euch davon abzuhalten, mit eurem ureigenen Licht in Kontakt zu kommen und zu erwachen. Sie versuchen es durch allerlei Ablenkungen, Wirrungen, Irrungen und diverse Spielarten, weil sie wissen, dass ihr Spiel sonst beendet ist. Ihr beendet in dem Augenblick ihr Spiel, in dem ihr mit eurem Licht in Kontakt kommt und erwacht. Deswegen ist es eure wichtigste Aufgabe, nach diesen Türen, nach dieser Lösung zu suchen. Das ist ein sehr intensiver Übungsprozess, weil ihr durch allerlei Verlockungen oder Ablenkungen dazu geneigt seid, gar nicht erst den Versuch zu unternehmen. Ihr seid so vom Schmerz getroffen auf eure Weise, sei es durch euch selbst oder durch andere, die euch lieb und teuer sind, dass ihr diese Lösung gar nicht in Erwägung zieht.

Und dennoch gibt es viele unter euch, die bereits ihre eigenen Türen immer wieder und immer mehr öffnen. Folgt diesem Beispiel und öffnet eure inneren Türen auf dem Weg zur lichtvollen Autobahn, dem Weg aus dem Chaos. Ihr bringt dann Licht ins Dunkel hinein, durchlöchert das alte Spiel, indem ihr ins Licht geht. Das ist das, was in Wahrheit blendet und schwierig ist für das Spiel. Je mehr Wesen das Spiel durchleuchten und je mehr Licht auf dieses Spiel geworfen wird, desto mehr fällt dieses Spiel wie ein Kartenhaus in sich zusammen.

Deshalb widmen sie sich immer wieder Spielfiguren mit weniger Licht, ihr nennt sie gern *Opfer dieser* Willkür. Dieses Spiel ist nur möglich, wenn Dunkelheit herrscht. Sie wissen: Wenn ihr einmal den Ausgang, die Tür gefunden habt, geht ihr nicht mehr zurück. Deswegen wollen sie als Teil des Spiels verhindern, das aufgewacht wird.

Sucht die Tür, bekämpft das alte Matrix-Spiel nicht. Ihr könnt das Spiel nicht mit den Waffen des Spieles bekämpfen. Ihr könnt das Spiel durch euer Licht durchdringen. Ihr seid dann ein Werkzeug des Lichtes. Ihr kommt und bringt überall, wo ihr erscheint, viel Licht ins Dunkel, durch eure Energie und die Präsenz von Wahrheit, Größe und Liebe.

Die Herzöffnung und Anbindung an eure geistige Welt ist Ausweg aus dem Labyrinth. Der individuelle Ausweg ist die individuelle Tür, der Austritt aus dem Spiel und gleichzeitig die Verkörperung von Liebe, Wahrheit und Größe. Eure Anbindung ist der Zugang zum göttlichen Funken in euch. Damit ist auch der göttliche Funke der Schlüssel.

Viele unter euch sind am Leben und schlafen dennoch. Sie sind sehr unleidlich, wenn sie geweckt werden, das wollen wir voranstellen, damit ihr nicht auf die Idee kommt, diesen Prozess zu glorifizieren. Es ist sozusagen ein Schlafen im irdischen Zustand, was speziell eure geistigen Fähigkeiten, speziell die Verbindung zu eurer Göttlichkeit, den göttlichen Funken in euch betrifft.

Es geht einerseits ein großer Reiz von diesem göttlichen Funken in euch aus, doch es herrscht auf der anderen Seite große Angst davor, weil eine Instanz in euch weiß, was es bedeutet, den Zugang zur inneren Quelle zu besitzen, nämlich dass euer altes Leben so, wie ihr es kennt, endet. Die Angst vor dem Tod ist es. Doch wir sagen euch: Es ist nur der Tod eures Egos. Es ist wie ein *ins Leben hineinsterben*, eine Art Erleuchtungszustand, den einige unter euch im Angesicht ihres Todes, einer lebensbedrohlichen Situation erlebten. Diese Situationen sind es, in denen die Zeit stillsteht und die Angst vor dem Tod verschwindet. Solche Situationen waren für diejenigen zwingend notwendig, um die Angst vor dem Tod zu verlieren und um genau diesen Zugang zu erhalten.

Nun klingt es so einfach und ist dennoch für euch so unerreichbar. Wie kann man zu Lebzeiten die Angst vor dem Tod verlieren, wenn sie doch die größte Urangst in euch ist, die als Resultat dient, um sicherzustellen, dass nicht alle gleichzeitig aufwachen? Es gibt genügend Punkte in eurem Leben, wo ihr die Möglichkeit bekommt, euch im Loslassen zu üben, sei es durch einen Verlust oder einen Unfall oder eine Krankheit oder andere Dinge. Wenn ihr nichts mehr zu verlieren scheint, seid ihr offen für die göttliche Ebene. Warum? Weil ihr eure Todesangst, die ihr vorher durchaus sehr, sehr stark gefühlt habt, dann überwunden habt. Es ist genau der Punkt, an dem ihr unausweichlich wisst: Entweder ich sterbe jetzt oder ich bleibe am Leben.

Wenn ihr euch mit eurer geistigen Welt verbindet, ist es wie ein kleiner Tod, wie ein Sterben und ein Aufwachen auf einer göttlichen Ebene. Es erfordert im höchsten Maße Hingabe. Je größer eure Angst vor dem Tod ist, desto schwerer gelingt es euch, euch mit eurer geistigen Welt und göttlichen Essenz zu verbinden. Und dort sind wir wieder bei eurem derzeitigen Geburtsprozess, der eure Todesangst triggert. Von daher unterschätzt diesen Geburtsprozess nicht, denn er bringt euch dazu, eure Todesangst letztendlich zu überwinden.

Das ist die Agenda des alten Spiels, euch in eurer Urangst vor dem Tod und damit im Spiel zu halten. Und die Ausgangstür aus diesem Spiel zu finden bedeutet, die Todesangst zu überwinden. Was wir damit meinen, ist dieses berühmt berüchtigte Loslassen, was hier vonnöten ist. Loslassen erreicht ihr wiederum durch Akzeptanz, Vertrauen und Hingabe an den Prozess.

Die Anbindung an eure göttliche Dimension ist durch euer jeweiliges Geburtstrauma unterbrochen und wird geschützt von euresgleichen, damit ihr am Spiel teilnehmt. An dem Punkt, an dem ihr aufhört zu wollen, ihr euch in ein Vakuum, in eine Leere begebt, erfahrt ihr die Rück-Verbindung zur göttlichen Dimension. Es geht um das Vakuum, eure Hingabe an den Prozess, um den Punkt zu erreichen, an dem ihr nichts mehr wollt und alles sein darf. Dann ist der Point of no Return erreicht, an dem ihr gar nicht mehr anders könnt, als loszulassen. Ihr erfahrt dann diese Verbindung, die auch gleich zu setzen ist mit einer Lösung. Es ist die Ausgangstür aus dem Labyrinth, dem alten Spiel. Ihr schwingt dann in dem Moment auf einer höheren göttlichen Frequenz. Ihr seid dann nicht mehr getrennt. Ihr seid dann eins im Licht, ihr seid dann in diesem Moment das Licht. Ihr habt euren Körper mit der göttlichen Dimension verbunden und seid im erwachten Bewusstsein.

Eine Anbindung an eure göttliche Ebene kann also durch sehr schmerzhafte und Krisen behaftete Prozesse geschehen. Andere unter

euch erzeugen diese Leere beziehungsweise dieses Vakuum, indem sie bewusst in das Nullpunktfeld meditieren oder in Ekstase. Es ist zumeist mit einem schmerzhaften Prozess beziehungsweise mit einem Rückzug aus dem Leben verbunden. Es geschieht immer in einem Augenblick. Ihr seid in und ab diesem Moment gewandelt. Der Katalysator ist euer Herz und je offener euer Herz ist, desto mehr könnt ihr die göttliche Dimension spüren. Ihr könnt Informationen downloaden und das einfacher als gedacht. – In dem Moment, indem ihr eure alte Hülle abstreift, indem ihr den Tod bewusst in Kauf nehmt, um ins Leben noch einmal neu hineingeboren zu werden.
Noch einmal sei an dieser Stelle erwähnt: Voraus geht oft eine große Angst, viel Leid, Schmerz, Trauer oder auch Wut und dies ist wichtig und richtig, sodass ihr euer Herz von euren Herzmauern befreit.

Visulisierungsübung Energiefluss – Einschwingen auf eine höhere Frequenz / Verbindung mit eurer höchstmöglichen Dimension, eurem höheren Selbst:

1. **Atmung:** Atmet etwa eine Minute ruhig und tief ein und aus.
2. **Erdung:** Verbindet euch mit der Erde, dem Magnetfeld des Erdinneren. Stellt euch vor, wie ihr euch von oben, durch euren Scheitel bis zu den Fußsohlen durch eine *rechtsdrehende (im Uhrzeigersinn) Spirale aus Licht* zum Erdmittelpunkt hineindreht und euch fest verankert. Lasst kraftvolle Lichtwurzeln aus euren Füßen in die Erde wachsen. Fühlt die Energie.
3. **Verbindung:** Verbindet euer Herz mit eurer göttlichen Dimension (Linksdrehung), indem ihr euch über eine *linksdrehende Spirale (gegen den Uhrzeigersinn) aus Licht* vom Erdinneren

über eure Fußsohlen bis zum Scheitel und darüber hinaus ins Universum herausdreht. Stellt euch dabei vor, wie eine Leitung aus eurem Herzen in die Spirale einfließt und oberhalb eures Scheitels in Form einer kraftvollen Leitung aus Licht zusammenfließen. Sagt dann: »Ich bitte um Verbindung mit meiner göttlichen Dimension.«

Anmerkung: Ihr könnt zum besseren Verständnis für die Drehung eure Arme zu Hilfe nehmen. Und dann heißt es üben, üben und nochmals üben!

Ihr werdet Veränderungen bemerken. Wir wollen euch mit Absicht keine Vorgabe machen, da jeder von euch individuell wahrnimmt. Wir wollen ganz klar sagen: Es ist von Wesen zu Wesen verschieden, je nachdem, an welcher Stelle ihr euch gerade befindet. Bleibt in dieser Vorstellung ruhig sitzen und wartet, bis sich etwas verändert. Geht immer und immer wieder in diesen Zustand.
Dass ihr den Zustand erreicht habt, könnt ihr daran bemerken, dass ihr eine feine Energie und sehr viel Licht in euch wahrnehmt. Ihr kommt zur Ruhe. Es durchflutet euch in Wahrheit Licht, ihr erfahrt einen Download aus Licht und Informationen. Selbst wenn ihr zu Anfang nur eine halbe Minute dieses Licht genießt, diesen Zustand herstellt oder auch scheinbar nichts kommt, hört nicht auf, diesen Zustand zu üben.
Wir nehmen euch in dem Moment als Lichtpunkte wahr, die hell aufflackern. Auch geschieht ein Ausatmen, eine Entspannung. Ihr erfahrt dann einen Zustand, den ihr ungern verlassen wollt.
Dies ist das sicherste Zeichen, dass ihr an eure geistige Welt, an eure göttliche Dimension, an euer höheres Selbst, an eure spirituelle Essenz angebunden seid. Wie auch immer ihr es nennen wollt. Es ist eine Ruhe, wo Worte fast überflüssig werden, wo ihr auch sehr

müde werden könnt, weil ihr euch entspannt. Nutzt diese Übung als Reinigung, als tägliche Reinigung. Ihr braucht nicht lange, um hineinzukommen. Ihr könnt beliebig lange drinbleiben, müsst es aber nicht. Es reicht, wenn ihr kurz unter einer Minute anfangt.

Es ist ein so lichtvoller Zustand, bei dem euch von außen nichts mehr erreichen kann. Es strahlt aus euch so viel Licht. Wenn ihr diesen Zustand einmal erreicht habt, das wissen wir, werdet ihr bewusst oder unbewusst alles dafür tun, diesen Zustand wieder zu erreichen.

Selbst wenn ihr euch dagegen wehrt, wird durch euer Leben dafür gesorgt, dass ihr in diesen Zustand zurückfindet. In diesem Moment erinnert ihr euch an euren Urzustand. Es geht um die Entwicklung des eigenen Herzens hin zur maximalen Liebesfähigkeit und Vollkommenheit. Das Geschenk ist euer Zugang zur Göttlichkeit. Diesen Zugang könnt ihr nutzen, um euch mit eurem Licht zu schützen. Ihr seid hier unerreichbar für jedwede Negativität.

Frage: Uns wird hier auf Erden meist vermittelt, so eine Anbindung ginge eigentlich nur, wenn die Zirbeldrüse gereinigt ist, wenn das dritte Auge wirklich geöffnet ist, wenn das Herz offen ist. Stimmt das? Oder mache ich einfach das, was ihr gerade gesagt hat?

Es gibt unter euch Millionen von menschlichen Wesen, die bereits danach gesucht haben. Unbewusst sucht jedes menschliche Wesen diese Anbindung, selbst wenn sie nicht danach aussehen und es auch nicht danach scheint. Immer wieder wurden Menschen, die es geschafft haben, ihre göttliche Dimension zu erreichen, nach ihrem Weg dorthin durchleuchtet.

Wir sagen euch, es gibt einige Wege, die dorthin führen, und nicht den einen Weg. Du fragtest nach der geistigen Anbindung deiner göttlichen Dimension und wir haben dir unseren Weg geschildert. Es ist ein möglicher Weg, um diese Anbindung zu vollziehen. Wir sagten auch, dass es wichtig ist, euer Herz zu öffnen – über die Zweiheit der Anbindung, über euer Herz, und über euer drittes Auge als Zugang zur Zirbeldrüse. Denn in Wahrheit ist das dritte Auge nichts anderes als das Tor zur Zirbeldrüse sowie auch euer Herz. Wir haben alle drei Komponenten eingeschlossen, siehe die Übung. Die Übung ist unsere Empfehlung als Zugang zu eurer geistigen Welt, göttlichen Dimension. Ihr könnt selbstverständlich viele andere Übungen nutzen. Dennoch empfehlen wir euch, da ihr uns gefragt habt, unsere Übung.

Für euch, die ihr das Buch lest, ist es genau die richtige Übung. Der Zugang zur göttlichen Dimension ist die Tür aus dem Labyrinth, und wenn ihr diesen Zustand einmal erfahren habt, werdet ihr alles dafür tun, diesen Zustand wieder zu erreichen. Durch eure Präsenz in der göttlichen Dimension, durch euer erwachtes Bewusstsein, seid ihr Vorbild für andere, die diesen Zustand auch erreichen wollen.

Letztendlich ist es die Lichtenergie, die euch reinigt. Ihr könntet auch den ganzen Tag in der Sonne sitzen, euch mit Licht fluten lassen und euch mit dem Energiefeld der Erde verbinden. Es sind immer beide Seiten einer Medaille zu betrachten, um in Balance zu kommen und das Göttliche in euch zu erreichen. Diese Übung bringt euch in Balance.

Wir können auch sagen, dass ihr durch diese tägliche Übung Unterstützung erfahrt, da wir wissen, dass die Ablösung von eurer Todesangst euch genug abverlangt. Diese Anbindung tröstet, liebt und hilft. Eure Herzensarbeit können wir euch nicht abnehmen. Wir können euch auch nicht die Todesangst nehmen. Wir unterstützen euch, indem wir euch über eure Lichtautobahn Informationen zur Verfügung stellen. Diese Impulse helfen euch, euer Leben leichter zu führen und auch scheinbar sehr schwere Prozesse durchleben zu können.

Wir empfehlen euch deshalb, diese Übung täglich zu praktizieren. Insbesondere dann, wenn ihr euch am Rande oder inmitten des Chaos befindet. Es braucht einen Moment, um in die Stille ins Innere zu gehen. Einen Moment des Atmens. Ohne Atmung ist dieser Prozess gar nicht möglich. Indem ihr ein- und ausatmet und euch dabei in dieses Feld einklinkt, werdet ihr spüren, dass es leichter wird.

Wenn Menschen aus diesem Leben gehen, fühlen sie ab einem gewissen Punkt ihres Sterbeprozesses diese Anbindung.

Frage: Wie können wir auf diese neuen Energien wechseln, die auf uns zukommen?

Dieser Wechsel vollzieht sich, indem ihr den Ausgang, die Tür aus dem Labyrinth findet. In diesen Zustand zu wechseln, fühlt sich an wie ein Sprung und erfordert Übung. Die Feinjustierung beinhaltet genau das und deshalb haben wir euch auch diese Übung an die Hand gegeben. Praktiziert diese Übung und es wird euch leichter gelingen, in diesen neuen Zustand zu kommen. Irgendwann wird dieser Zustand euer Seinszustand sein, dann ist eure Feinjustierung abgeschlossen.

Wenn dieser Zustand für euch unerreichbar erscheint, ihr nicht mehr wisst, wie ihr dorthin gelangt, keine Idee habt, stattdessen in Todesangst seid und im Chaos versinkt, dann ist genau diese Übung wichtig, denn in dem Moment kommt ihr in Balance und justiert ihr euch fein. In dem Moment erlebt ihr nicht mehr diese

Trennung. Ihr wisst, was möglich ist und erlebt, wie sich Balance anfühlt. Wir bieten euch an, diese Übung zu absolvieren und herauszufinden, was geschieht.

In dem Moment, wenn die Grenze schier unüberwindbar erscheint und der Schmerz ins Unermessliche steigt und ihr euren Schmerz fast nicht mehr aushalten könnt, öffnet sich eine weitere Tür in eurem Herzen. Diese Übung soll helfen, besser mit diesem Schmerz umgehen zu können. Wenn es beispielsweise eure Liebsten betrifft, ihr Verlustprozesse erlebt, wird die Übung euch trösten. Es ist dieses Empfinden, dass ihr nicht getrennt voneinander seid, sondern verbunden und in Wahrheit alle eins seid. Es ist ein Überwinden der Trennung von Materie und Bewusstsein. Es ist ein friedvolles Verhalten in jedweder Situation eures Lebens, auch wenn sie noch so herausfordernd erscheinen mag. Jedoch könnt ihr das nur, wenn ihr in diesem Zustand seid, weil ihr dann anders fühlt, weil ihr dann dieses Einheitsgefühl habt, das ihr vorher, solange ihr in Todesangst seid, nicht fühlen könnt, weil ihr euch dann schützen müsst. Wenn eure Urangst vor dem Tod überwunden ist, seid ihr verbunden, das ist das, was wir *Feinjustierung* nennen. Das ist das, was ihr ein Leben lang sucht, eure göttliche Dimension. Sie ist es, woraus ihr gefallen seid, was ihr so vermisst, worüber ihr so wütend seid, was euch so traurig macht, was euch so schmerzvoll begegnet, dass ihr ein Verlustgefühl, eine Art Herausfallen, eine Art Geburtsprozess immer und immer wieder erlebt, um in eure göttliche Dimension zu gelangen. Ihr sterbt und werdet immer wieder ins Leben hineingeboren, so lange, bis sich der Zustand gefestigt beziehungsweise feinjustiert hat und ihr diesen neuen Zustand auch energetisch halten könnt.

Ihr könnt euch mit anderen Herzen und anderen bewussten Menschen, die diesen Prozess durchschritten haben, verbinden, ein Lichtnetz über diesen ganzen Planeten schicken. Ihr könnt euer

Licht auf Häuser, Orte, Städte und andere menschliche Wesen schicken, an Orte, die durch euch, durch eure Präsenz, durch euer Licht geheilt werden können. Es ist die Absichtslosigkeit und Liebe. Es ist diese Art von Neutralität, die Lebewesen veranlasst, aufzuhören, gegen etwas zu kämpfen, weil sie dieses Licht und die Liebe fühlen und keine Lust mehr verspüren, zu kämpfen.

An dem alten Spiel beteiligt zu sein bedeutet, sich verletzt zu fühlen, wütend zu sein und Angst zu spüren. Wenn ihr betroffen seid, in eigene Ängste kommt, ist der natürlichste Impuls, dass ihr euch und euresgleichen verteidigt. Dieser Impuls ist genau der, der das alte Matrix-Spiel füttert, das nicht mehr gefüttert werden soll. Eure Energie wird in dem Moment abgezogen und ins alte Spiel gespeist. Ihr werdet in dem Moment zu Spielteilnehmern des alten Spiels. Wenn ihr durch die Tür aus dem Labyrinth herausfindet, beendet ihr mit eurer Präsenz das alte Matrix-Spiel.

Die stärkste Macht, und das wisst ihr, ist die Liebe. Wenn man sie anders benennen möchte, ist es die Liebe pur. Reines Licht ist reine Liebe. Eure Materie verbindet sich mit eurer göttlichen Dimension beziehungsweise einem höheren Bewusstsein. Wenn euch dieses durchströmt, seid ihr ein lebendiges Beispiel für die Liebe und der tägliche Kampf um euch herum wird schlagartig still. Das alte Matrix-Spiel ist zu Ende und kann euch nichts mehr anhaben. Da ihr eure Schwingung und euren Fokus haltet, euren Energiefluss in jedweder Situation steuern könnt.

So seht es als Erwachensprozess, dass momentan um euch herum so viel los ist. Erst indem ihr es durchlebt und bemerkt, wie sinnlos dieses Spiel ist, wie nutzlos es ist, dort mitzukämpfen, wie schlecht es euch dadurch geht, wenn ihr euch daran beteiligt, wird es euer tiefer Wille, dieses Matrix-Spiel mehr und mehr loszulassen. Diese Übung darf euch dabei behilflich sein. Probiert sie aus, übt sie, wendet sie an und ihr werdet Hilfe erfahren.

Frage: Gibt es noch einen abschließenden Hinweis oder Tipp von euch?

Schön, euch mehr in eurer Liebe, Freude und in eurem Licht zu sehen und euch an eurem Licht zu erkennen, statt dass ihr dieses alte Spiel weiter füttert. Wir wissen sehr wohl, wie schwer es euch fällt, aus dem alten Spiel auszusteigen.

Wir wünschen euch, dass ihr euch untereinander ermutigt und immer und immer wieder übt, in die lichtvolle Energie zu kommen, um dann die Auswirkungen auf euer ganzes Leben zu spüren. Denn solange ihr euch nicht immer und immer wieder in die lichtvolle Energie hineinbegebt, so lange werdet ihr keine Auswirkungen auf euer Leben spüren.

Wir sagen euch mit aller Deutlichkeit: Ja, es ist eure einzige Chance und Möglichkeit, über euer eigenes Licht und euren eigenen Zugang zu eurer geistigen Welt das alte Spiel zu verlassen, indem ihr diese Übung macht und ein Gewahrsein einnehmt, feinjustiert und immer mehr dafür sorgt, dass ihr in diesen Zustand des Gewahrseins kommt, das alte Spiel durchleuchtet und es irgendwann unmöglich macht. Die Dunkelheit scheut das Licht. Ihr seid das Licht. Geht in euer eigenes Licht. Es tut nicht nur euch gut, sondern es tut eurem Umfeld und allen Lebewesen dieses Planeten gut.

Ihr seid beschützt auf diesem Weg. Ganze Heerscharen und Legionen der Liebe unterstützen euch. Sie sind sehr kraftvoll und ihr seid es auch. Seid Licht für euer Umfeld.

Wir wünschen euch dafür viel Übung und auch Vertrauen, selbst wenn es beim ersten Mal nicht gelingen mag, trotzdem dranzubleiben. Es ist eine Übung. Wir wünschen euch das Beste in dieser sehr, sehr lauten Zeit, die euch fordert, in der euch gerade diese Übung sehr hilfreich zur Seite stehen wird.

Wir haben es einst geschafft. Ihr seid angetreten, es auch zu schaffen. Ihr seid bereit, ihr habt die Kraft und ihr habt die Unterstützung. Da wir Vergangenheit, Gegenwart und Zukunft überblicken können, wissen wir das. Alles andere ergibt keinen Sinn. Dieser Aufstieg gelingt.

Das alte Spiel ist mittlerweile von so viel Licht durchlöchert, dass es nur sehr, sehr schwer aufrecht zu erhalten ist. Deshalb erlebt ihr genau das, was ihr gerade erlebt. Es ist so viel Licht in euch! Es ist so viel Licht unter euch. Lasst dieses Licht stärker werden. Ihr seid eine Hilfe, indem ihr in euer Licht geht und mehr dem alten Spiel folgt. Seid achtsam mit euch und eurem Umfeld.

Dieses alte Spiel ruft so laut, ist so unüberhörbar, dass ihr magnetisch angezogen werdet und euch nochmals hineinbegebt. Vollzieht diese Übung und werdet ruhig, verlasst das Spiel. Ihr seid dann Beobachter dieses Spiels, aber nicht, indem ihr gebannt schaut und eure Energie reingebt. Ihr seid wirkliche Beobachter, indem ihr euer Leben lebt, das Spiel wahrnehmt und es mit euch nichts mehr macht, es scheinbar an euch vorüberzieht.

Unser Tipp: Praktiziert diese Übung! Sucht eure Ausgangstür. Vertraut euch und seid voller Hoffnung.

Ihr seid nicht allein!

7. Schlüssel – Das göttliche Ordnungsprinzip

Geliebte Wesen,
ich, Lazarus und Legionen von Lichtwesen, die nicht mehr unter euch weilen, sind heute hier. Es ist sehr viel Licht und sehr, sehr laut. Es ertönen sehr viele verschiedene Stimmen und euch bewegen sehr viele Fragen und es gibt sehr viele Antworten. Es wird auch gezeigt, wie viele sich momentan drängen, auf diesen Planeten zu kommen. Es ist eine wahre Flut von lichtvollen Wesen, die unbedingt geboren werden wollen.

Es ist fast wie ein Witz. Aus eurer Sicht seid ihr momentan eher müde vom langen Kampf und das Chaos hat euch fest im Griff. Aus unserer Warte und derjenigen Seelen, die zu euch wollen, ist das fast unverständlich. Alle wollen den Übergang zum erwachten Bewusstsein meistern. Sie wollen sich als erwachtes Bewusstsein mit einer menschlichen Erfahrung verbinden.

Es ist wie beim Zuschauen einer Quizshow, in der euch blitzschnell die Lösungen einfallen, die euch als Kandidaten verborgen bleiben würden. Es ist eine Art von Lautstärke, die sich dem Medium präsentiert, eine Art von tausend guten Ratschlägen, was ihr auf der Erde besser machen könnt.

Diejenigen, die euch so gerne Ratschläge erteilen, und das wird gerne vergessen, haben ihren Inkarnationszyklus längst abgeschlossen. Im Inkarnationsgeschehen auf der Erde ist längst nicht alles so präsent und klar, wie es von dieser nicht irdischen Warte aus ist, da euch die Verbindung zum Göttlichen fehlt. Ihr befindet euch noch in der Dualität.

Das Inkarnationsspiel

Wenn sich eine Seele aufmacht, sie genug Kraft und Wissen angesammelt hat, genug Ruhe gehabt hat, um eine erneute Inkarnation zu planen, spürt sie das berühmte Fünkchen Neugier in sich. Auf irdischer Seite findet in dem Moment eine Zeugung statt, fin- det der Impuls zu inkarnieren – von denen, die an der Reihe sind – statt, ein Impuls, der lauten könnte: *Jetzt bin ich an der Reihe und reif genug, ein neues Spiel zu wagen.*
Es ist nichts falsch, es ist nichts richtig. Es ist alles in göttlicher Ordnung. Zu akzeptieren, dass weder ihr noch diejenigen, die zu euch kommen wollen, etwas dagegen tun können, das ist das Akzeptieren der göttlichen Ordnung.
Etwas, was euch bleibt, ist, diese Bewusstseinsarbeit: zu erwachen, zu erkennen und sich im wahrsten Sinne des Wortes auf sich selbst zu besinnen, wer ihr seid, woher ihr kommt und bewusst zu akzeptieren, dass alles in Ordnung ist. Dass ihr weder Abkürzungen nehmen könnt noch das Umwege sinnlos sind. Alles ist immer in Ordnung, so wie es ist, sonst wäre es anders.
Da viele unter euch sehr müde sind, weil sie nicht mehr weiterwissen, weil sie es nicht mehr aushalten, können wir euch noch einen Tipp aus unserer Warte geben, wobei wir euch tatkräftig unterstützen, in eure göttliche Dimension zu erwachen, damit wir euch hilfreich zur Seite stehen können, indem ihr unsere Impulse empfangt – gerade in diesem intensiven Geburtsprozess eures Planeten.
Das alte Spiel, das ihr hier unten mitspielt, beziehungsweise mitgespielt habt, ist ein Spiel, das ihr unbedingt spielen wolltet, auch wenn die Ersten unter euch schon wieder aufschreien: *So habe ich das nicht gewollt!* Und die anderen wiederum, die noch nicht am Zug sind und immer wieder mitteilen, sie würden das anders machen und könnten es besser erledigen. So ist es doch sehr hilfreich,

aus eurer Warte zu erkennen, dass es eben doch auf den Spieler ankommt und dort insbesondere auf das Bewusstsein des Spielers. Was ihr auf der einen Seite dazu beitragen könnt, ist die Akzeptanz der göttlichen Ordnung, dessen, was passiert, auch wenn es euch noch nicht sinnvoll erscheint. Auf der anderen Seite euch auf euch selbst zu besinnen, die Ausgangstür aus dem Labyrinth zu finden und Kontakt zu uns aufzunehmen. Das ist es, was euch in Wahrheit hindert, dieses Spiel mit mehr Leichtigkeit zu spielen und zu beenden. Diejenigen unter euch, die bewusster sind, spielen dieses Inkarnationsspiel mit wesentlich mehr Leichtigkeit, wie ihr gerade in dieser Zeit erleben könnt.

Die Differenz zwischen Bewusstheit und Unbewusstheit ist scheinbar größer als sonst. Ihr könnt es auch an euren Mitspielerinnen und Mitspielern erkennen. Viele unter euch wollen das Inkarnationsspiel mit diesem Leben beenden. Jeder, der in diesem Gefüge ist, ist Teil der göttlichen Ordnung, hat noch umfangreiche Lernschritte vor sich und ist erst dann aus dem Inkarnationsspiel entlassen, wenn er seine Forschungsaufgabe bis zur Meisterschaft vollendet hat.

Jedes Wesen ist aufgefordert, seinen Weg zu gehen und seinen Auftrag zu erfüllen, wie ein Rädchen im Uhrwerk, ein Puzzleteil im Puzzlespiel, das *göttliche Ordnung* genannt wird – in eurer irdischen Daseinsform und auf der nicht irdischen Ebene.

Das Medium nimmt momentan beide Seiten sehr intensiv wahr. Auf der einen Seite die Hilfesuchenden, Schreienden, Bettelnden, Flehenden auf der irdischen Seite, auf der anderen Seite diejenigen, die von der nicht irdischen Ebene aus Anweisungen geben und dennoch die irdischen Wesen nicht erreichen. Ihr nutzt eure Fähigkeiten zu wenig aus. Ihr fahrt ein Auto im ersten Gang mit Schrittgeschwindigkeit, obwohl ihr 400 PS unter der Haube habt, denn dieser Zugang zur geistigen Welt ist von Anbeginn bis zum Ende gegeben.

Frage: Könntet ihr den 7. Schlüssel genauer definieren?

Der siebte Schlüssel ist das göttliche Ordnungsprinzip selbst. Das göttliche Prinzip, das ich euch gerade beschrieben habe, ist der Kreislauf von Anfang bis Ende, Alpha bis Omega und folgt der göttlichen Ordnung. Egal wer dort hineinfunken mag und diese Ordnung zerstören möchte, sie wird sich immer wieder einstellen. Das spürt ihr daran, wenn ihr euch auf scheinbaren Irrwegen befunden habt: Ihr findet immer und immer wieder zurück und sagt dies auch.
Die Erfahrung ist erst zu Ende, wenn die Erfahrung vollendet ist. Sie kann vorher nicht beendet werden, denn euer Leben und euer Verstehen resultieren aus dem Lebensprinzip selbst. Es ist nicht Sinn der Sache, etwas vorwegzunehmen. Die Diamanten sind eure Erlebnisse, die ihr einsammelt, mit nach Hause nehmt und aus denen ihr und auch eure nicht inkarnierten Seelenanteile eure Schlüsse zieht.
Ihr seid zu Forschungszwecken hier. Ihr befindet euch an einem historisch sehr entscheidenden Punkt, wie wir euch schon einmal mitteilten, an dem viele unter euch erwachen wollen – dies ist kollektiv vereinbart, plusminus 30 Jahre –, wo ein Leben aus einem erwachten Zustand und damit in Verbindung mit den nicht irdischen Anteilen stattfinden darf. Dies ist gewollt und damit endet dann auch dieses Inkarnationsspiel.
Das ist der Grund, warum ihr alle euch regelrecht gedrängelt habt hierherzukommen, weil ihr wusstet, es gibt Hoffnung. Und auch der anderen Spiele überdrüssig wart von Leben und Tod. Ihr wolltet ein Highlight draufsetzen. Das bedeutet, ihr seid angetreten, um die nächste Stufe zu erreichen, die ihr *erwachtes Bewusstsein* nennt. Es ist zugleich ein Abschluss und ein Neuanfang auf der nächsten Ebene. Ihr habt euch regelrecht danach gedrängelt, weil ihr bereit

und fähig dazu wart. Ihr seid inkarniert und befindet euch in der jetzigen Inkarnation in dieser Übergangsphase. Es läuft auf der irdischen Ebene bereits ein Transformationsprozess, der aus eurer Sicht sehr heftig scheinen mag, weil alte Verkrustungen, alte Denkweisen, alte Muster, eigene alte Existenzformen zusammenbrechen und aufbrechen.

All dies wurde auch unter anderem von euch vorbereitet, lange bevor ihr in diesem Leben inkarniert seid. Alle haben dazu beigetragen und auch jetzt ist es wieder ein Gemeinschaftserlebnis. Akzeptiert, dass alles in göttlicher Ordnung ist, immer war und immer sein wird. Auch im Chaos gibt es eine Ordnung.

Bis auf euer Herz verändert sich euer ganzes Dasein. Euer System wechselt, doch im übergeordneten Sinne folgt dies einer göttlichen Ordnung in jedweder Faser. Jede Seele unter euch ist ein notwendiger Puzzlestein in diesem ganzen Orchester.

Es mag profan klingen für euch und fast ein wenig sarkastisch anmuten, doch das Einzige, was ihr wirklich beitragen könnt, ist, euch mit eurer göttlichen Dimension zu verbinden, sprich zu erwachen und aus diesem erwachten Bewusstsein heraus zu handeln. Es wird euch dann leichter fallen, mit all dem, was euch widerfährt, umzugehen, denn ihr werdet die göttliche Ordnung erkennen, das große Ganze, das übergeordnete Ganze und die Folgerichtigkeit der Ereignisse. So wie ihr manchmal im Rückblick erkennen könnt, warum bestimmte Dinge notwendig waren, selbst wenn sie sehr unbequem, äußerst schmerzhaft und von euch nicht gewollt waren. Geht in die Ruhe, geht in euch!

Dreht die Lautstärke um euch herum leiser und ihr werdet mehr von dem wahrnehmen, was eure eigene Essenz ist, was ihr zutiefst seid, wart und immer sein werdet. Auch Langeweile ist ein gutes Zeichen. Langeweile bedeutet zu spüren und hinzuschauen, wie ihr sonst in Hektik und Aktionismus untertaucht und *off* statt *on* seid.

Stille und Langeweile zu akzeptieren ist der Schritt, um in euch zu gehen und aus euch heraus neu geboren zu werden, um den einen notwendigen Schritt weiterzugehen.

Macht eure Übungen und gebt euch hin. Nötig ist in erster Linie Ruhe, Abschalten und die Lautstärke runter drehen.

Noch ein Nachsatz, da das Medium kurzzeitig ganz weg war: Es ist wirklich wie ein Tagschlaf zu sehen, den ihr euch mehr gönnen dürft. Weniger Lautstärke, mehr Ruhephasen.

Genau das ist das, was wir meinen, wenn euch nichts mehr einfällt, wenn ihr keine Frage mehr habt oder euch die Frage nicht einfällt. Dann seid ihr in göttlicher Ordnung, auch wenn ihr dies als Chaos und Unordnung empfindet. Lasst es zu, seid mehr im Sein statt im Tun. Und auch wenn es gerade in dieser Zeit schwer erscheinen mag, dass Einzige, was euch helfen wird, ist zu sein.

Ihr habt automatisch mehr Kontakt und dennoch gibt es andere Kräfte, die euch momentan aufscheuchen und in eurem blinden Aktionismus fördern, durch viele verschiedene Informationen, die in euch widerhallen, fast wie Bomben detonieren. Ihr seid dadurch genötigt, euch wegzuducken, wegzulaufen, euch zu verteidigen, laut zu werden, doch in jedem Fall etwas zu tun. Genau dieses Kämpfen und eure Angst sind es, die euch vom Sein abhalten. Es ist Teil des alten Inkarnationsspiels. Auch dies folgt einer göttlichen Ordnung und ist das Gleichgewicht zu all denen unter euch, die bereits Ruhe und Balance sind.

Die größte Herausforderung während eurer Inkarnationen, während eures irdischen Daseins ist, euren Verstand zur Ruhe zu bringen, die alte Software zu deinstallieren und euer wahres Sein zum Vorschein zu bringen. Die Verbindung zur göttlichen Dimension ist an eure menschliche Erfahrung, aus dem Sein heraus zu leben, gekoppelt. Das ist es, was ihr alle sucht.

Eure Urangst vor dem Tod ist es, die euch von einem Leben im erwachten Bewusstsein trennt und im alten Spiel gefangen hält. Ihr wollt es, doch ihr habt Angst. Es ist die Situation von vielen Erwachenden: auf der einen Seite der Wunsch, auf der anderen Seite die Todesangst. Das ist das, was ihr gerade erlebt. Viele wollen erwachen und haben unbewusst dennoch Angst davor. Die Angst, dass sie, wenn sie erwacht sind, aufhören zu existieren. Doch ihr wisst ja auch nicht, ob ihr aus dem Schlaf wiedererwacht, dennoch legt ihr euch jede Nacht hin, weil ihr gar nicht anders könnt, weil ihr schlafen müsst. Das ist es, was euch momentan begleitet, was ihr erlebt. Für euch in eurer Wahrnehmung müsst ihr erwachen. Diese Todesängste verdrängt ihr und seht sie im Gegenüber als Gewalt, als Unmenschlichkeit, als völlig gegen jegliches Leben.

Ihr könnt sehr wohl euren Blick bei euch belassen, in euer Sein und in die Ruhe gehen.

- Welches Gefühl wird in euch ausgelöst, wenn ihr euch bewusst in eine Leere begebt?
- Was ist momentan euer bedrohlichstes Gefühl?

Akzeptiert dieses Gefühl. Von der Integration dieses Gefühls hängt es ab, wie weit fortgeschritten ihr in euerem eigenen Prozess seid. Auch dies folgt einer göttlichen Ordnung beim Erwachensprozess, denn jeder Prozess des Erwachens ist höchst individuell.

Macht eure Energieübungen, begebt euch in Ruhe, fühlt die Gefühle. Fühlt das Wegrennen, das wütend oder traurig werden. Fühlt das: *Ich möchte noch einmal alles erleben.* So wie kleine Kinder nicht ins Bett wollen, weil sie noch alles Mögliche erleben wollen und dennoch irgendwann neben ihrem Buch einschlafen werden. So könnt auch ihr diesem Prozess nur für eine gewisse Zeit beziehungsweise nicht für immer entrinnen. Dennoch wird dieser Prozess Tag für Tag in euch wieder angeschoben, weil das göttliche Prinzip eurer Inkarnationen es ist, ein Leben aus dem bewussten Zustand heraus zu führen.

Egal, was ihr an Potenzialen mitgebracht habt, was ihr tut oder auch nicht: Es gibt nur einen einzigen Auftrag. Das mag euch etwas wenig erscheinen, dennoch ist eure allergrößte Herausforderung die zu erwachen. Damit schließt sich der Kreis.

Unsere zusammenfassende Botschaft – Das Ziel

Wir sind am Ende des Prozesses, die letztendliche Botschaft an euch zu übermitteln: *Ihr seid einzig und allein angetreten zu erwachen beziehungsweise ins erwachte Bewusstsein zu kommen, das ist das Ziel eurer Inkarnation und Teil der göttlichen Ordnung.*
Und alles, was euch dabei behilflich ist, nehmt ihr gern in Kauf und es wird euch in eurem Leben zur Verfügung gestellt und ihr sucht es regelrecht. Dennoch ist es das Einzige, worum sich eure Bestimmung dreht. Alles andere ist Beiwerk. Wie und auf welche Weise ihr es tut, mit welchen anderen Wesen ihr es tut, was für Ereignisse ihr anzieht, entspricht eurem individuellen Forschungsauftrag. Ihr wolltet erwachen. Also an alle, die ihre Bestimmung noch suchen: Hier ist sie. Sie lautet: *Erwachen!*

Frage: Ich habe ein großes Problem mit dem Erwachen. Jeder möchte doch erwachen. Doch wenn die Bestimmung das Erwachen ist, dann brauche ich eigentlich nichts tun?

Jetzt bist du an dem Punkt, dass du es verstanden hast. Ihr befindet euch bereits im Schienenprogramm. An dieser Stelle gibt es nur eines: *Hingabe*. Das Einzige, was ihr tun könnt, ist, eure Energieübungen zu absolvieren. Mit *nichts tun* meinen wir, aufhören zu kämpfen.

Gönnt euch Ruhe, geht in die Natur. Seid gut zu euch und macht euch leer. Akzeptiert eure innere Leere, dies ist der einzige Indikator für euch, dass ihr zu einem neuen Sprung ansetzt. Nutzt die Leere, um diesen Schritt zu vollziehen, freut euch regelrecht, wenn ihr sie erlebt. Wenn ihr anfangt, krampfhaft zu suchen, ist das wie ein künstliches Wachhalten. Ihr entfernt euch von eurem Ziel.

Auch das Medium hatte noch viele Fragen, doch am Ende hatte es keine mehr. Ihr ziert euch, ihr windet euch. Ihr wollt Beiwerk, ihr wollt Antworten, ihr macht es kompliziert, ihr denkt, es könne doch nicht so einfach sein. Ihr hadert, seid wütend, traurig und zappelt herum.

Und dennoch geht es nur um eines, um ins Bewusstsein zu erwachen: ein bewusstes Leben zu leben, in eure Göttlichkeit zu erwachen, die Verbindung zwischen Geist, Seele und Körper, die Verbindung zwischen irdischem und nicht irdischem Dasein. Ein Leben aus völligem Bewusstsein heraus. Und dies folgt einer göttlichen Ordnung. Ihr erkennt dann all das und erlebt ein Leben aus erwachtem Bewusstsein. Ihr lebt ein für euch sinnvolles Leben.

All das, was ihr euer Leben lang sucht, dient einem sehr individuellen Prozess des Aufwachsens. Jeder von euch benötigt andere Bausteine, um zu erwachen. Jedes Leben ist zutiefst sinnvoll. Deswegen ist es manchmal so, dass ein Erwachen erst am Ende des Lebens kommt. Doch eines ist sicher, nämlich dass ihr, die ihr euch im Geburtsprozess befindet, erwacht. Nur ist der entscheidende Unterschied, dass ihr euch auf den Weg gemacht habt, um früher als am Ende des Lebens zu erwachen. Und es ist eine große Anzahl unter euch, die einen gemeinsamen Erwachensprozess mit voranschieben. Ihr wollt das Inkarnationsspiel in Meisterschaft vollenden.

Ein Leben aus einem erwachten Bewusstsein heraus war und ist euer Antritt, das betonen wir noch einmal für all diejenigen, die dieses Buch bis zum Ende gelesen haben, die all das hinterfragt, so viel Sinnlosigkeit, Kampf und Langeweile erlebt haben: Euer einziges Ziel war und ist es zu erwachen. Ihr könnt nichts dafür tun. Ihr könnt euch lediglich leer machen, im wahrsten Sinne des Wortes, mehr braucht es nicht.

All diese Spielarten sind höchst individuell. Sie zielen allein darauf ab, in diesen Erwachensprozess zu kommen. Bevor der letztendliche Schritt vollzogen wird, erfahrt ihr diese Leere und Ruhe.

Alles ist dann im Einklang mit der göttlichen Ordnung, alles ist im Frieden.

Wenn ihr es erfahren wollt, begleitet Sterbende. Es ist das Strahlen, es ist das Leuchten. Und selbst wenn es nur Bruchteile von Sekunden sind: Dafür hat sich eure Inkarnation bereits gelohnt. Alles andere ist schmückendes Beiwerk, macht Freude oder auch nicht, ist dennoch nicht Ziel eurer jetzigen Inkarnationen. Damit wird auch sichergestellt, dass ihr auf jeden Fall erwacht.

Die größte Freude und die größte Angst ist die Angst vor eurem eigenen Erwachen. Ihr habt euch allesamt aufgemacht, nicht erst am Ende des Lebens diesen Prozess zu erleben.

Es ist ein Sterben der bisherigen Ebene und ein Erwachen auf einer vollkommen neuen Ebene. Da ihr dies so noch niemals erlebt habt, ruft das enorme Ängste in euch hervor.

Ein letztes Wort zum Schluss

Am Ende ist es an euch, dies zu akzeptieren. Ihr habt die Wahl, ihr wisst es jetzt, denn die Lösung ist immer sehr einfach. Akzeptiert das Einfache.
Es ist unsere Aufgabe, euch bei eurer Feinjustierung behilflich zu sein, weil ihr nicht vergessen dürft, dass es ein rein energetisches Prinzip ist. Eure Energie darf jetzt in diesem Wissen erst einmal in Balance kommen, um letztendlich in die göttliche Dimension angehoben zu werden.
Wir danken euch für eure Fragen.
Ihr seid nicht allein!

Ausblick – Aufbruch ins erwachte Bewusstsein

Geliebte Wesen,
ihr befindet euch in der Übergangsphase von *Terra 1* zu *Terra 2*. Wir bemerken es anhand dieses sehr deutlich unruhigen Prozesses. Wir begleiten euch und euren Prozess, ihr seid nicht allein und wir unterstützen euch voller Liebe und Wertschätzung, denn wir wissen: Diese entscheidende letzte Phase ist für euren Bewusstseinssprung notwendig.
Wir bemerken es anhand der für euren Planeten sowie für euch selbst sehr unruhigen Zeiten. Im wahrsten Sinne des Wortes unruhig, weil die wenigsten unter euch momentan einen Plan haben beziehungsweise in Ruhe und in Frieden sind. Stattdessen verfallt ihr in Angst und Panik. Momentan ist alles ungeordnet. Nichts ist mehr, wie es war. Das Chaos beherrscht euer altes System, das momentan bis auf die Grundmauern erschüttert wird und zerfällt.
Diese Zwischenphase, die sich für euch als absolutes Chaos anfühlt, entfacht in vielen von euch unzählige Ängste. Diese Ängste machen euch traurig, wütend beziehungsweise ihr geratet in einen völligen Kontrollverlust. All das ist mit einer enormen Unruhe verbunden. Euch fehlt euer innerer und äußerer Frieden. Ihr erlebt im Inneren eine Revolution, die äußerlich sichtbar ist. Vieles, was längst angekündigt wurde, erlebt ihr momentan, jeder Einzelne von euch auf seine Weise. Einige unter euch, die es momentan negieren, befinden sich in einer Art Schockstarre, in der sie zu keiner Reaktion fähig sind. Sie lenken sich ab. Andere unter euch suchen alle möglichen Auswege, rennen und versuchen, alles Mögliche zu tun oder auch zu lassen, sind sozusagen auf der Flucht. Und wieder

andere unter euch befinden sich im absoluten Angriffsmodus, wie ein gefangenes Raubtier.

All dies ist momentan sehr sichtbar. Eure Welt brennt. Die Welt, die ihr kanntet, das wisst ihr selbst, gibt es nicht mehr. Eure alte Zeitrechnung geht zu Ende und dies macht euch Angst, unendliche Angst. Ihr reagiert auf die vorher beschriebene Art und Weise.

Dem Chaos entgegnen – Frieden wirklich fühlen!

Was ihr dem nun entgegensetzen könnt, ist, in Balance, mit euch selbst zu kommen und damit mit eurem Umfeld. Zu akzeptieren, dass Menschen um euch herum aus ihrer eigenen Todesangst heraus so reagieren, wie sie reagieren. Die Angst ist es, die sie zu allerlei Handlungen treibt. Wenn wir es betrachten, sehen wir euren Planeten als brennenden Planeten sowohl in euch als auch außerhalb von euch.

Wie gesagt, die einzige Chance, die ihr habt, ist in Frieden mit euch selbst und eurem Leben so wie es ist, zu kommen. Gebt euch hin, ohne aufzugeben. Hingabe an den Prozess ist jetzt gefragt. Hört auf, dagegen zu kämpfen, sondern für euer Gelingen und *Terra 2*. Das bedeutet radikale Akzeptanz der Bedingungen. Das ermöglicht euch, inneren Frieden wirklich zu fühlen.

Es ist eine Art wärmendes Gefühl, das sich in eurem Magen breitmacht. Ein Gefühl wie süßer, heißer Brei. Ein Gefühl, das satt macht, das euch Ruhe und Entspannung zugleich vermittelt. Es ist dieses Wort und das Gefühl von Frieden. Hört auf, dagegen anzukämpfen und euch damit in die Energie des alten Zeitstrahls reinziehen zu lassen. Durch euren Fokus aufs Alte sowie der damit verbundenen Energie schöpft ihr mehr vom Alten und diese Ebene agiert durch euren Fokus noch lauter, noch aggressiver, noch angstvoller. Eure Energie ist mit eurer Aufmerksamkeit an das alte Muster, die alte Matrix gebunden. Da ihr zutiefst schöpferische Energie seid, füttert ihr damit das alte Muster und das wollt ihr nicht. Es fühlt sich für euch so an, als ob ihr immer mehr dort hineingezogen werdet, obwohl ihr euch schon auf der neuen Ebene befindet.

Bei manchen unter euch ist es auch tatsächlich so, dass ihr noch einmal auf einer anderen Ebene einen Schritt zurückgeht. Dennoch ist dieser Schritt nicht wirklich ein Schritt zurück, sondern in Wahrheit noch einmal ein Schritt in die Tiefe. Durch das nochmalige Erleben des alten Schmerzes wird euch einmal mehr bewusst, was ihr nicht mehr wollt. Egal was um euch herum mit euch geschieht: Geht in das tiefe innere Gefühl von Frieden und kreiert mehr von dem, was ihr wirklich erreichen wollt.

Ihr fragt euch, warum ihr gerade jetzt auf diesem Planeten verweilt und viele unter euch setzen das mit Karma gleich, doch ihr seid hier, um diesen Wandel mitzutragen – weil ihr es könnt. Weil ihr euch darauf lange vorbereitet habt. Ihr befindet euch auf einer hohen spirituellen Ebene, auf der ihr bereits viel gelernt habt.

Auch wenn ihr das nicht glauben mögt, es ist eine Art Auszeichnung, genau jetzt hier sein zu dürfen. Eine Art Privileg. Wenn wir bessere als euch gehabt hätten, hätten wir bessere auf euren Planeten geschickt. Ihr seid also das Beste, was wir haben, und wir vertrauen euch. Wir sind bei euch.

Wir wissen, auch, wenn es für euch noch so schwer sein mag, dass ihr diesen Aufstieg hinbekommen werdet, und das über all eure Ängste hinweg. Die Hoffnungslosigkeit, die ihr spürt, ist deshalb aus unserer Sicht unbegründet. Aus eurer noch begrenzten Sicht betrachtet, ist dieses Gefühl hingegen sehr wohl begründet. Es geht für euch um nichts Geringeres als um euer Verweilen auf diesem Planeten und die Qualität eures Lebens. Es geht sprichwörtlich um alles oder nichts. Um Freiheit und Souveränität oder Abhängigkeit und Unfreiheit im Höchstmaß.

Ihr seid nicht hierhergekommen, um ein Leben in Unfreiheit zu leben, um ein Leben in Knechtschaft und Martyrium zu leben. Ihr seid hierhergekommen, um zu erfahren, was es bedeutet, wirklich frei und souverän zu sein, innerlich wie äußerlich.

Und nein, ihr seid sowohl innerlich als auch äußerlich noch nicht frei. Ihr befandet euch in einer Art Trance beziehungsweise Halbschlaf und habt dabei nicht bemerkt, dass ihr in völliger Unfreiheit gelebt habt.

Und jetzt ist sozusagen eine Transformation/Revolution auf eurem gesamten Planeten, in dem es für euch um die Themen *Souveränität* und *Freiheit* geht, wirkliche Freiheit zu erfahren im Körper und in eurer Seele. Eine Art Freiheit, die es euch ermöglicht, über das hinauszublicken, was ihr bisher jemals erfahren habt. Dazu ist die Erfahrung von absoluter Unfreiheit notwendig. Einzig und allein durch diese absolute Unfreiheit, in der ihr euch momentan befindet, könnt ihr begreifen, was es bedeutet, sich wirklich frei und souverän zu fühlen. Es gibt in euch allen ein tief angelegtes Wissen darüber, was euch möglich ist.

Geburtsprozess

Es ist genau dasselbe Erleben, das ihr aus eurem jeweiligen Geburtsprozess kennt. Und so wie eure eigene Geburt verlaufen ist, so verläuft momentan auch euer kollektiver Umbruchprozess und Wandel.

Die Frage ist: Wie ist eure Geburt verlaufen? Habt ihr während eurer Geburt eine lebensbedrohliche Situation erlebt, erlebt ihr diese Situation als erneutes Todesszenario. All diese Elemente, die ihr einstmals erlebt habt, werden derzeit reaktiviert. So ist es tatsächlich möglich, Linderung zu erfahren, dass ihr euch mit eurem Geburtsszenario noch einmal beschäftigt und dieses heilt.

Habt ihr keinerlei Informationen über euren Geburtsprozess, so macht euch einmal mehr anhand der jetzt erlebten Emotionen bewusst, dass sie die gleichen sind, die ihr während eures Geburtsprozesses erlebt habt. Die gute Nachricht ist, ihr habt es schon einmal geschafft, egal wie die Umstände eurer Geburt waren. Ihr habt überlebt, das können wir euch als Hoffnung mitgeben.

Eure Geburt ist nun einmal sehr unterschiedlich verlaufen und deshalb erlebt ihr individuell unterschiedliche Szenarien im Prozess der Bewusstseinstransformation von *Terra 1* auf *Terra 2*. Dieser schmerzhafte Prozess stellt euer kollektives Trauma, eure kollektive Urangst vor dem Tod dar und ist zugleich auch eure kollektive Heilung.

Dass dies die größte Herausforderung in eurem Leben darstellt, ist uns bewusst. Deshalb sind wir mit unserer ganzen Kraft, Wertschätzung und Anteilnahme bei euch. Wir sind Myriaden von Lichtwesen, die gebannt auf euch schauen, euch helfen und unterstützen. Gerade dann sind wir euch besonders nahe, wenn ihr vollkommen hoffnungslos seid. Gerade dann, wenn ihr aufgeben wollt. Gerade dann, wenn ihr nicht mehr könnt, wenn das Fass bei euch übergelaufen ist, wenn es fast unerträglich erscheint, noch mehr dieser Art erleben zu müssen. *Ihr seid nicht allein!*

Macht euch nochmals eines bewusst: Ihr habt es schon einmal geschafft. Ihr seid auf dieser Welt und so werdet ihr auch in diese Neue Welt geboren werden. All diese Erlebnisse, die ihr erfahrt, sind nicht nur eure eigenen Erlebnisse während eurer Geburt, sondern sie sind zugleich auch die Erlebnisse der Menschen um euch herum. Wer war einst mit dabei, wer hat welche Emotionen gehabt?

Das ist das, was ihr gerade wieder mit euren Angehörigen durchlebt.

Und diejenigen unter euch, die einstmals betäubt wurden, ihre eigene Geburt verschlafen haben, schlafen auch momentan. Diejenigen unter euch, die unter Medikamenteneinfluss standen, sind auch momentan wie paralysiert und erwarten die Spritze, das Medikament, die Hilfe von außen. Diejenigen, die per Kaiserschnitt geholt wurden, erwarten ebenfalls Hilfe von außen. Andere wiederum unter euch, die nach vorne geprescht sind, sind heute auch wieder diejenigen unter euch, die vorausgaloppieren. Und andere wiederum, die sich einstmals die Nabelschnur um den Hals gewickelt haben, sind heute insbesondere in einer wiederum ausweglosen Situation im Kampf um Leben und Tod von aggressiver Natur. Stecktet ihr an bestimmten Stellen fest, steckt ihr auch jetzt fest. Einstmalige Verluste bedeuten auch im heutigen Erleben menschliche Verluste. Todessehnsüchte und Hoffnungslosigkeit während der Geburt werden zurzeit reaktiviert.

Wir teilen euch das mit, um euch das Ausmaß der Gefühle und Emotionen darzustellen, die euch momentan weltweit erfassen. Und euch auch eine gewisse Akzeptanz und Mitgefühl mit anderen Menschen erfahren zu lassen, sodass ihr in inneren Frieden mit dem kommt, wie es ist, in dem Wissen, dass ihr euch mitten in der Geburt der neuen Erde befindet. Wir könnten jetzt sagen: … ob mit oder ohne euch. Ihr, die ihr diese Zeilen lest, für die wird der Geburtsprozess mit euch stattfinden.

Geburtsprozesse sind auch immer Todesprozesse. An jeder Stelle eures Lebens, wo eine Neugeburt, eine Veränderung ansteht, seid ihr ja auch gleichsam mit dem Tod konfrontiert. Ihr habt die Wahl, euch zu verändern oder stehen zu bleiben, den Rückzug anzutreten oder eben diesen nächsten Schritt nicht mehr zu gehen und zu sterben. Deshalb werden sich unter euch einige entscheiden, diesen letzten Schritt nicht mehr zu gehen, weil dieser Schritt den Erfahrungsschatz in diesem Leben sprengen würde und nicht Teil ihres Inkarnationsplans ist.

Je mehr ihr euch in Frieden und Entspannung hineinbegebt, desto einfacher werdet ihr durch diesen Geburtskanal hindurchgleiten. Je mehr ihr euch wehrt, nicht mitmacht, kämpft oder versucht, schnell hindurchzukommen, desto mehr Komplikationen erlebt ihr während dieser Geburt. Da ihr jedoch im Kollektiv entscheidet und genau diese Erlebnisse erfahrt, wisst ihr, warum dieser Geburtsprozess momentan so abläuft, wie er abläuft.

Stellt euch vor, ihr seid als gesamte Erde das Baby und wir sind eure Hebammen, euer Kompetenzteam, die euch alle bei der Geburt tatkräftig unterstützen. Es erfordert eure Mithilfe, euer Mitmachen und gleichsam unsere Kompetenz. Wir helfen euch immer und immer wieder feinzujustieren, zu regulieren, wenn ihr etwas außer Rand und Band sozusagen aus dem Fahrwasser geraten seid. Es ist ein kollektiver Urknall.

Hingabe an den Prozess und Vertrauen, dass ihr es schon einmal geschafft habt, werden euch beim jetzigen Erwachensprozess helfen. Wir schaffen es gemeinsam.

Frage: In welchem Zeitfenster findet dieses kollektive Erwachen statt? Könnt ihr das eingrenzen?

Ja und nein. Die Möglichkeit der Transformation des kollektiven Urknalls besteht momentan und es gibt auch ein gewisses Zeitfenster. Immer dann, wenn sich genügend Seelen zur Verfügung gestellt haben, gemeinsam durch einen Geburtsprozess zu gehen wie jetzt momentan auf eurem Planeten.

Es braucht bestimmte Menschen, bestimmte Aufgaben, bestimmte Strukturen, damit dies geschehen kann. Momentan ist dieses Zeitfenster bis 2022 offen. Das soll nicht heißen, dass die Veränderung abgeschlossen ist. Es stellt die Geburt dar! Denn wir sagten euch bereits Anfang des Jahres 2020. Es ist jetzt an der Zeit, jetzt. Es ist immer jetzt. Jetzt ist es wichtig. Ihr habt jede Sekunde, jede Minute die Möglichkeit durchzugehen. Das bedeutet, wenn genügend Menschen sich dieser Geburt hingeben, also aufhören zu flüchten, anzugreifen oder zu erstarren, sondern sich hingeben und mitmachen. Bedenkt bitte eines: Die Liebe ist viel mächtiger als die Angst. Die Liebe ist die stärkste und transformierende Kraft.

Es ist immer wieder ein Kräfteringen zwischen Angreifern, Wegläufern und Erstarrten und dazwischen gibt es Menschen unter euch, die im tiefen Frieden im Einklang mit sich selbst und diesem Leben sind, selbst wenn es zuweilen schwer erscheinen mag. Es geht um einen inneren Paradigmenwechsel, um diesen Aufstieg zu vollziehen, um den inneren Frieden zu erreichen, um in Einklang zu kommen. Ob ihr diesen Zustand durch Meditation erreicht, dadurch, dass ihr Zeit in der Natur verbringt, singt oder tanzt, ist weniger von Bedeutung denn unabhängig davon, wie ihr diesen Zustand des Einklangs erreicht: Wenn genügend Menschen unter euch das sind, dann kann dieser Wandel vollzogen werden. Irgendwann und das liegt an euch, ist die Kraft, die Motivation verschwunden und wird diese Energie nicht mehr zur Verfügung stehen.

Euer Verhalten, ob Angreifen, Flucht oder Erstarren, auch wenn es noch so abwegig erscheinen mag, ist zugleich euer größter Katalysator, um in inneren Frieden und in Balance zu kommen. Indem ihr absoluten Schmerz erlebt, unbewusste Todesängste erfahrt, verspürt ihr diesen inneren Drang zum Wandel. Niemals sonst ist das Verlangen in euch so präsent, das alte Spiel zu verlassen. Es muss schmerzhaft und unbequem sein. Und das ist es!

Wesen, die nicht länger bleiben wollen, nutzen diese Chance, um jetzt zu gehen.
Schaut euch an, wie ihr euch verhaltet, das ist das Verhalten, was aus eurem Geburtsprozess resultiert.
Somit können wir sagen:

Haltet durch.

Geht Schritt für Schritt weiter, geht durch dieses Nadelöhr hindurch. Und ja, es ist ein Nadelöhr, kein breites Rohr, es ist ein dünnes Nadelöhr und es erfordert wie einst alles von euch. Das wissen wir. Doch noch einmal: Ihr wäret nicht hier, wenn ihr es nicht schaffen könntet.
Eure Todesangst ist so massiv, da ihr nicht wirklich wisst, ob es *Terra 2* wirklich geben kann, genauso wie ihr einst nicht wusstet, ob ihr es wirklich durch den Geburtskanal schafft. Hier hilft wirklich nur Hingabe an den Geburtsprozess und Vertrauen, Vertrauen und nochmals Vertrauen, dass ihr euer angestrebtes Ziel erreicht.
Alle Ängste, die ihr auf eurem Planeten erfahrt, sind im letzten Schluss Todesängste. All diese Ängste sind in euch während eurer Zeugung, Schwangerschaft und Geburt angelegt und erfahren worden. Und noch einmal: Durch dieses Szenario werden alle Ängste aktiviert, jedoch besteht auch die riesige Chance zu heilen.
Somit ist *Terra 2* euer angestrebtes Ziel. Auch wenn Ängste hochkommen, wisst ihr, sie einzuordnen – woher sie kommen, aus welchem Prozess sie stammen. Mit dem Wissen, dass ihr geboren wurdet, ist auch eure jetzige Hoffnung verknüpft.
Bevor ihr das Licht der Welt erblickt habt, war es dunkel, war es eng, gab es Druck. All die Dunkelheit, den Druck, den Schmerz,

die Enge, die Unfreiheit etc., die ihr jetzt erneut erfahrt, sind das sichere Zeichen, dass ihr bereits mitten im Geburtsprozess/Aufwachprozess seid. Richtet euch auf das Licht auf das Ende des Tunnels aus und kommt in Frieden mit dem, was euch momentan widerfährt. Das ist das beste Mittel, um euren Ängsten zu begegnen. Diesem Druck, dieser Enge, dieser Dunkelheit. Seht 2020 einmal mehr als den Beginn eines großen kollektiven Geburtsprozesses.

Und geht mit euren Ängsten liebevoll um. Achtet sie! Drückt sie nicht weg, sondern achtet und beachtet sie: *Aha, das ist während meines Geburtsprozesses schon einmal passiert. Jetzt passiert in meiner persönlichen Erfahrung das gleiche, bedingt durch die kollektive Erfahrung.* Jeder Einzelne von euch macht eine andere individuelle Erfahrung gleichzeitig innerhalb eurer kollektiven Erfahrung. Einige werden umkehren, die Hoffnung ganz aufgeben und nicht geboren werden wollen. Ja, all das passiert und wird passieren. Doch die, die geboren werden wollen, die sich hingeben, auf die wartet ein Leben im erwachten Bewusstsein, ein Leben aus der vollen Schöpferkraft eures Seins. Ein Leben, in dem ihr sowohl die Anbindung an das Materielle als auch die Anbindung des Göttlichen erfahrt. Ein Leben, für das es sich lohnt, die Strapazen in Kauf zu nehmen.

Die Nachwehen werden bis 2023 dauern, doch wir sagen: Im Herbst 2020 ging es bereits in die entscheidende Phase des Geburtsprozesses und nun sind wir mittendrin. Selbst wenn es euch schon so vorkommt, wird der Druck von innen als Reaktion auf das Außen nochmals zunehmen, der gleichzeitig noch mehr Angst erzeugt. All diese Erfahrungen sind notwendig, um das Alte sterben zu lassen und ins erwachte Bewusstsein hineingeboren zu werden.

Frage: Erscheint das Buch noch rechtzeitig? Wie können wir sicherstellen, dass noch weniger menschliche Wesen diese Angst spüren müssen?

Ob mit oder ohne Buch, ihr werdet diesen Prozess so oder so durchmachen, weil es eurer Bestimmung entspricht. Ihr seid einstmals gemeinsam dafür angetreten, zu erwachen.
Es fühlt sich für euch individuell an:
- wie ein Spiel,
- eine Art Krimi,
- eine Art Resümee,
- eine Art wahrgewordene Realität,
- ein Rückblick oder
- eine Vorausschau,

da ihr alle, selbst wenn es jetzt in die entscheidende Phase geht, mitten im Prozess steckt und dieser Geburtsprozess mit Nachwehen bis zum Jahre 2023 weiterläuft.
Das Buch ist wie ein Freund, ein guter Ratgeber oder ein Begleiter, um euch zu erinnern und Trost, Beistand und Hoffnung zu spenden. Euch mitzuteilen: Ihr seid nicht allein, wir sind da, wir begleiten euch durch jede Phase eures individuellen und kollektiven Erwachens Prozesses. Es wird das erste Band der Reihe *Terra 2* sein, der euch bei eurem Geburtsprozess unterstützen und begleiten will, damit ihr euch einmal mehr verbunden fühlt, ihr einmal mehr das Göttliche in euch erfahrt und in eurem Herzen spürt: Ihr seid nicht allein.
Bemerkt, dass es wichtig ist, dass ihr genauso seid, wie ihr seid und ihr euren Weg nicht verfehlen könnt. – Und dass alles richtig und gut ist, so wie es ist.
Dies wird euch helfen, euch nicht so dagegen aufzulehnen beziehungsweise nicht so verzweifelt dagegen anzukämpfen, stattdessen

vielmehr aus einer Hingabe heraus zu leben, das ist wirklich erwachtes Bewusstsein. Aus einem Vertrauen heraus zu erfahren *Ich bin nicht allein*, das Gefühl zu haben, wirklich verbunden zu sein und in Liebe und in Güte euer Leben zu leben, weil ihr alles habt, was ihr braucht und ihr alles schöpfen könnt.

Wir sagen euch nochmals: Ihr seid nie getrennt, das ist eine Illusion. Ihr seid immer angebunden, das, was wir helfen zu durchbrechen, ist diese Illusion. Es ist wie ein Entfernen der alten Software, eine Reinigung, ein Freilegen des immer Dagewesenen, des unzerstörbaren Kerns in euch.

Eure Software, die sich *Persönlichkeit* nennt, ist eine aufgespielte Software. Diese zu entfernen, Stück für Stück, ist der wahre Erwachensprozess. Und es geht dabei, ähnlich wie bei der Geburt, Stück für Stück voran, wenn ihr von Zeugung, Schwangerschaft und Geburt als Ganzes ausgeht. Vergesst bitte nicht: Das Beste kommt erst noch!

In Liebe

Lazarus und Forschungsteam

Übungsteil – Zusammenfassung

1. Eure Forschungsaufgabe

Stellt euch folgende Fragen, um nähere Auskünfte über eure Forschungsaufgabe zu erhalten:

- Was habe ich als Kind am Allerliebsten gemacht bzw. geliebt zu tun?
- Was wollte ich werden bzw. sein?
- Was waren meine größten Träume?
- Wogegen habe ich als Kind rebelliert? Was habe ich abgelehnt?
- Welches Thema beschäftigt mich am meisten in meinem Leben?
- In welchem Bereich mache ich die meisten Erfahrungen?
- Welche Menschen und Themen berühren mich positiv wie negativ am meisten?
- Welcher Bereich meines Lebens bringt mich an die Grenze des Ertragbaren?
- In welchem Bereich erlebe ich die meiste Bandbreite an Erfahrungen? Welcher Bereich fordert mich am meisten heraus?
- Wie waren die Umstände meiner Zeugung, Schwangerschaft und Geburt? Um was ging es dort bereits?
- Wie verliefen meine Kindheit, Jugend sowie mein Erwachsenleben?
- Was konnte ich *nur* aufgrund meiner spezifischen Umstände mit all ihren positiven, wie negativen Katalysatoren erlernen?
- Was konnte ich nur auf diese Weise lernen?
- Was habe ich aufgrund der Gegebenheiten für Fähigkeiten ausgeprägt?

- Was waren die Klippen, die ich umschiffen musste?
- Was schien mir einstmals und heute so weit entfernt, so unerreichbar? Und in welchem Bereich habe ich mich meiner eigenen Unerreichbarkeit angenähert?
- Wo habe ich bei der Bewältigung einer Herausforderung die größte Erfüllung verspürt?
- In welchem Bereich habe ich das untrügliche Gefühl, dass ich mich am meisten weiterentwickelt habe?
- Auf welche Bedingungen bzw. Situationen reagiere ich am heftigsten – körperlich, emotional oder mental?

Das ist das untrügliche Zeichen, dass ihr an eurem Forschungsauftrag gearbeitet habt beziehungsweise arbeitet. Versteht uns bitte recht: Ein Forschungsauftrag bezieht sich nicht einzig und allein auf euren Beruf, sondern umfasst euer ganzes Leben. Schaut auf alle Ebenen eures Lebens. Schaut genau hin: Wo hat sich etwas wie ein roter Faden durchgezogen? Wo seid ihr am meisten aus und zugleich in Balance gekommen.

- Was hat euch in eurem Leben am meisten erschüttert?
- Was hat euch auf der anderen Seite am meisten erfreut in eurem Leben?

Dies ist das untrügliche Zeichen, dass ihr mit eurem Forschungsauftrag, mit eurer Bestimmung, mit eurer Lebensaufgabe oder auch Seelen Aufgabe verbunden seid. Ihr spürt es einfach.

Potenzialgleichung

- **Minuspol** Verdrängtes/abgelehntes Potenzial zu integrieren:	+ **Pluspol** Potenzial zu vervollkommnen:
• Was ihr am meisten in euch ablehnt bzw. was euch am meisten Angst macht. • Was euch an anderen Menschen missfällt bzw. anderen an euch missfällt. • Welches Potenzial ist in euch blockiert, was könnt ihr am wenigsten? Macht euch diesen (Schatten)Anteil bewusst und beginnt ihn mehr und mehr zu integrieren.	• Was ihr am besten könnt. • Was ihr besonders liebt. • Was ihr an anderen Menschen zutiefst faszinierend findet bzw. um was ihr sie beneidet. (Es handelt sich um euer eigenes Potenzial, dass sie euch spiegeln.) Macht euch diesen Anteil bewusst und beginnt das Potenzial selbst zu leben.

Eine weitere Übung, die wir schon vorher angesprochen haben, ist, sich hinzusetzen und aufzuschreiben, was ihr als Kinder gern gemacht habt, was und wen ihr zutiefst abgelehnt habt und was euch am meisten Angst gemacht hat.
Formt daraus Eigenschaften:
- Ich kann besonders gut …
- Mir liegt besonders gut, ich liebe …
- Ich lehne besonders … ab.
- Ich lehne an Mensch X/Y/Z folgende Eigenschaften ab …
- Meine größten Herzenswünsche sind …
- Meine kühnsten Träume sind …

Schreibt all diese Dinge in ein goldenes Buch. Fangt an, euer eigenes Drehbuch zu schreiben. Schreibt dabei auf die eine Seite eure Potenziale, auf die andere Seite eure größten Ängste und abgelehnten Eigenschaften. Und dann benennt eure kühnsten Träume und Wünsche. Seid kreativ.

Wenn ihr etwas in eurem Leben besitzen solltet, dann genau diesen Fahrplan, weil er euch darüber Auskunft gibt, worin der Sinn eures Lebens besteht.

2. Akzeptanzübung bei unerwünschten Schöpfungen beziehungsweise Erfahrungen:

Sprecht laut, mit voller Emotionskraft und fühlt in euch hinein: »Ich akzeptiere X/Y/Z als meine Schöpfung.« (X/Y/Z steht für eure jeweilige Erfahrung.) Ihr könnt all eure Emotionen, eure Traurigkeit, eure Wut, eure Empörung oder was ihr auch immer empfindet, herauslassen.

Wiederholt diesen Satz so lange, bis ihr eine Antwort/Botschaft erhaltet. Wenn gar nichts hilft, dann bittet uns um Hilfe, eine Antwort/Botschaft zu erhalten.

Manche von euch werden irgendwann entkräftet sein, weil sie diesen Satz so oft wiederholen, bis sie gar nicht anders können, als ihren Mund zu halten, um dann eine Antwort darauf zu erhalten. Wir sagen euch, ihr werdet auf jeden Fall eine Antwort, eine Art Botschaft darauf erhalten, die euch den tieferen Sinn dieser Erfahrung mitteilt. Wir wollen es bewusst sehr einfach und kurz halten, damit ihr es auch ausprobiert und übt.

Noch einmal: »Ich akzeptiere X/Y/Z mit allen Erfahrungen!«, und dann innehalten und auf ein Zeichen beziehungsweise eine Antwort warten. Es kann alles sein: ein Bild, ein Gefühl, eine verbale Antwort – egal was kommt. Das Erste, was kommt, was euch dazu im wahrsten Sinne des Wortes einfällt, schreibt auf. Schreibt es unbedingt auf und fangt an, euch dieses Aufgeschriebene immer wieder laut vorzulesen.

3. Übung Herzatmung:

In schmerzvollen Momenten, das kann ein kleinerer und ein größerer Moment sein, haltet inne, bevor ihr reagiert, und atmet in euer Herz hinein. Atmet durch euch durch, atmet, atmet, atmet, atmet tief in euer Herz hinein. Atmet diesen Schmerz ein und wieder aus. Bewegt ihn einmal durch euer Herz und ihr werdet sehen, wie ihr euren Brustpanzer einreißen könnt.

4. Visulisierungsübung Energiefluss/Einschwingen auf eine höhere Frequenz / Verbindung mit eurer höchstmöglichen Dimension, eurem höheren Selbst:

Es ist ein Ausschwingen aus eurer bisherigen Frequenz und ein Einschwingen auf diese neue Energiequalität. Es ist eine Art Energiewirbel, der euch erfasst und euch aus eurer alten Energiefrequenz ausschwingen lässt.
Dieses Ausschwingen erlaubt es euch, euch auf euer höheres Bewusstsein einzuschwingen und einen Geschmack davon zu bekommen, wer ihr seid, woher ihr kommt, wohin ihr gehen werdet und warum ihr hier seid, eurem Forschungsauftrag und eurer Bestimmung mehr gewahr zu sein als bisher.

1. Atmet ca. eine Minute ruhig und tief ein und aus.
2. Erdung: Verbindet euch mit der Erde, dem Magnetfeld des Erdinneren (kann auch bei energetischen Angriffen als Schutz verwandt werden).
3. Stellt euch vor, wie ihr euch von oben, durch euren Scheitel bis zu den Fußsohlen durch eine rechtsdrehende (im Uhrzeigersinn) Spirale aus Licht zum Erdmittelpunkt hineindreht und euch fest verankert. Lasst kraftvolle Lichtwurzeln aus euren Füßen in die Erde wachsen. Fühlt die Energie.
4. Verbindung: Verbindet euer Herz mit eurer göttlichen Dimension (Linksdrehung).
5. Verbindet euch mit eurer göttlichen Dimension, indem ihr euch über eine linksdrehende Spirale (gegen den Uhrzeigersinn) aus Licht vom Erdinneren über eure Fußsohlen bis zum Scheitel und darüber hinaus ins Universum herausdreht. Stellt euch dabei vor, wie eine Leitung aus eurem Herzen und eurem dritten Auge in die Spirale einfließen und oberhalb eures Scheitels in Form einer kraftvollen Leitung aus Licht zusammenfließen und sie als kraftvolle Lichtautobahn gen Himmel fließt.
6. Sagt dann: »Ich bitte um Verbindung mit meiner göttlichen Dimension.«

Anmerkung: Ihr könnt zum besseren Verständnis für die Drehung eure Arme zur Hilfe nehmen. Und dann heißt es üben, üben und nochmals üben!

Ihr werdet Veränderungen bemerken. Wir wollen euch mit Absicht keine Vorgabe machen, da jeder von euch individuell wahrnimmt. Wir wollen ganz klar sagen: Es ist von Wesen zu Wesen verschieden, je nachdem, an welcher Stelle ihr euch gerade befindet. Bleibt in dieser Vorstellung ruhig sitzen und wartet, bis sich etwas verändert. Geht immer und immer wieder in diesen Zustand.

Dass ihr den Zustand erreicht habt, könnt ihr daran bemerken, dass ihr eine feine Energie und sehr viel Licht in euch wahrnehmt. Ihr kommt zur Ruhe. Es durchflutet euch in Wahrheit Licht, ihr erfahrt einen Download aus Licht und Informationen. Selbst wenn ihr zu Anfang nur eine halbe Minute dieses Licht genießt, diesen Zustand herstellt oder auch scheinbar nichts kommt, hört nicht auf, diesen Zustand zu üben.

5. Unterstützung der geistigen Welt

Bitte bedenkt: Der freie Wille wird im ganzen Kosmos akzeptiert. Wir können euch nicht helfen, wenn ihr uns nicht darum bittet. Wir wollen euch nochmals sagen: Ihr seid nicht allein, wir unterstützen euch, indem ihr euer geistiges Team fragt oder bittet:

- »Wie könnt ihr mir bei … konkret behilflich sein? Was könnt ihr für mich tun? Wie könnt ihr mich bei meinem individuellen Erwachensprozess unterstützen?«
- »Bitte helft mir, trainiert, schult und unterstützt mein Bewusstsein, mich bei meinem eigenen Erwachensprozess!«

Kontakt

Für Anfragen und Bestellungen zum vorliegenden Band 1 der Reihe Projekt *Terra 2* nutzen Sie bitte folgende Kontaktmöglichkeiten:

Webseite: https://terra-2.de
E-Mail: kontakt@terra-2.de